Stefanie Benz, Elke Reith, Gabriela Reuß

MEIN ERSTES Schmusetier

Kuscheltiere für
Babys & Kleinkinder
nähen

CV

Inhalt

6 Was du wissen solltest …

10 Delfin

14 Schmuse-Eisbär

18 Eule

22 Eselchen

26 Kätzchen

30 Tukan

34 Seepferdchen

38 Greif-Bär

42 Beißring-Hund

46 Würmchen

50 Schmuse-Hase

54 Schmuse-Bär

58 Schmuse-Fuchs

62 Schmuse-Elefant

66 Schmuse-Schlafinchen

70 Schnuller-Bär

73 Schnullerkette mit Zierstich

74 Schnuller-Maus

78 Spieluhr-Wichtel

82 Spieluhr-Singvogel

86 Körner-Elefant

90 Körner-Hund

94 Impressum

Schwierigkeitsgrade

* = für Anfänger geeignet
** = braucht etwas Geschick
*** = Näherfahrung nötig

Hallo,

ein selbstgenähtes Kuscheltier oder Schmusetuch ist ein tolles Geschenk und wird immer einen besonderen Stellenwert behalten – ganz gleich ob für das eigene Kind, oder als Geschenk für ein Baby aus dem Freundeskreis.

Oft reichen schon kleine Stoffreste um daraus etwas Niedliches zu zaubern. Wir haben Kuscheltiere, Schmusetücher, Spieluhren, Körnerkissen und Schnullerketten entworfen – und jedes Modell ist uns beim Nähen richtig ans Herz gewachsen.

Wir hoffen, dir geht es ebenso und wünschen viel Spaß beim Nachnähen und Verschenken des ersten Schmusetiers.

Herzlichst

Stefanie Benz

Elke Reith

Gabriela Reuß

Was du wissen solltest ...

GRUNDMATERIAL

Folgende Dinge werden benötigt und sind in den Anleitungen nicht noch einmal gesondert aufgeführt:

- Nähmaschine
- Stecknadeln
- Hand-Nähnadel
- Transparentpapier und Stift
- Schneiderkreide oder Markierstift
- Stoffschere
- Bügeleisen und Bügeltuch
- Ecken- und Kantenformer

STOFF

Bei der Auswahl der Stoffe und Materialien besonders darauf, dass diese schadstofffrei und waschbar sind. Beispielhaft sind hier einige Qualitäts-Zertifikate aufgeführt, an denen du dich bei der Auswahl orientieren kannst:

- Oeko-Tex Standard 100
- Global Organic Textile Standard (GOTS)
- Kontrolliert biologischer Anbau (kbA)
- Organic Exchange Standard (OE 100 und OE Blended)
- Spielzeugnorm DIN EN 71-3

SICHERHEITSHINWEIS!

Prüfe regelmäßig, dass alle Nähte des Spielzeugs intakt sind!

Lass das Kind nie unbeaufsichtigt mit dem Spielzeug spielen.

STOFFSEITEN

Jeder Stoff hat eine rechte und eine linke Stoffseite. Die rechte Seite ist die Schau- oder Motivseite des Stoffes. Wenn es also heißt „die Stoffteile rechts auf rechts aufeinanderlegen", zeigen die rechten Schau- oder Motivseiten nach innen und die linken Seiten nach außen.

NAHTZUGABE

Wird ein Stoff zu nah an der Schnittkante genäht, reißen Stoff und Naht leicht aus. Daher werden die Stoffteile mit einem gewissen Abstand zu den Schnittkanten, der so genannten Nahtzugabe, zusammengenäht. **In den Vorlagen zu den Modellen dieses Buches sind keine Nahtzugaben enthalten.**

SCHNITTTEILE

Die Schnittteile auf Transparentpapier abpausen, dabei alle Markierungen übertragen. Nahtzugaben, wie in der Anleitung angegeben, hinzufügen. Schnittteile entlang der Außenkontur ausschneiden.

FADENLAUF

Jedes Gewebe (= Stoff) besteht aus Kettfäden (längs) und Schussfäden (quer). Der Fadenlauf entspricht der Richtung der Kettfäden und verläuft somit parallel zur Gewebekante. Maschenware, wie z. B. Jersey, bestehen aus ineinandergreifenden Schlingen, den Maschenstäbchen. Die Längsreihen aus den

Maschenstäbchen entsprechen dem Fadenlauf. Längs dehnt sich Stoff kaum, quer etwas mehr und schräg am meisten. Daher stets den auf dem Schnittteil eingezeichneten Fadenlauf beachten.

STRICH

Bei Cord, Nicki oder Samt hat der Flor eine Strich-Richtung: *Mit dem Strich* legen sich die Härchen flach, *gegen den Strich* stellen sie sich auf. Da sich die Stoff-Optik dadurch verändert, stets auf die im Schnittteil angegebene Strich-Richtung achten.

ZUSCHNEIDEN

Das Schnittteil auf die linke Stoffseite stecken und mit Schneiderkreide anzeichnen. Dann die Form mit einer scharfen Stoffschere ausschneiden. Soll ein Teil *im Stoffbruch* zugeschnitten werden, dafür ein ausreichend großes Stoffstück falten – die Faltkante wird als Stoffbruch bezeichnet – und die entsprechende Kante des Schnittteils genau an die gefaltete Stoffkante legen. Dann gleichzeitig durch beide Lagen schneiden. *Ein seitenrichtiges und ein seitengespiegeltes* Teil lassen sich leicht in einem Arbeitsschritt zuschneiden, indem das Schnittteil auf den doppelt gelegten Stoff gezeichnet wird. Dann gleichzeitig durch beide Lagen schneiden.

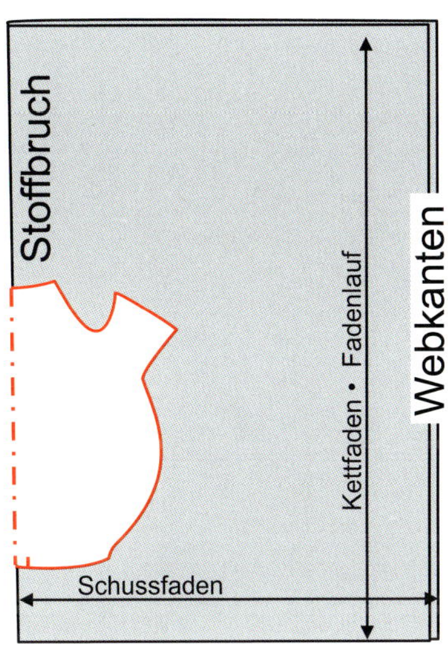

HEFTEN UND STECKEN

Stoffteile stets zuerst mit Stecknadeln fixieren (a), damit sie beim Nähen nicht verrutschen oder sich Falten bilden. Die Stecknadeln stets quer zum Nahtverlauf stecken. Anschließend können die Teile *geheftet* werden. Eine Heftnaht (b) wird mit dem größtmöglichen Geradstich der Nähmaschine oder mit großen Vorstichen von Hand ausgeführt. Nahtanfang und -ende werden nicht gesichert. Stecknadeln entfernen. Nun die Teile mit dem Geradstich (c) zusammennähen, dabei den Nahtanfang sichern.

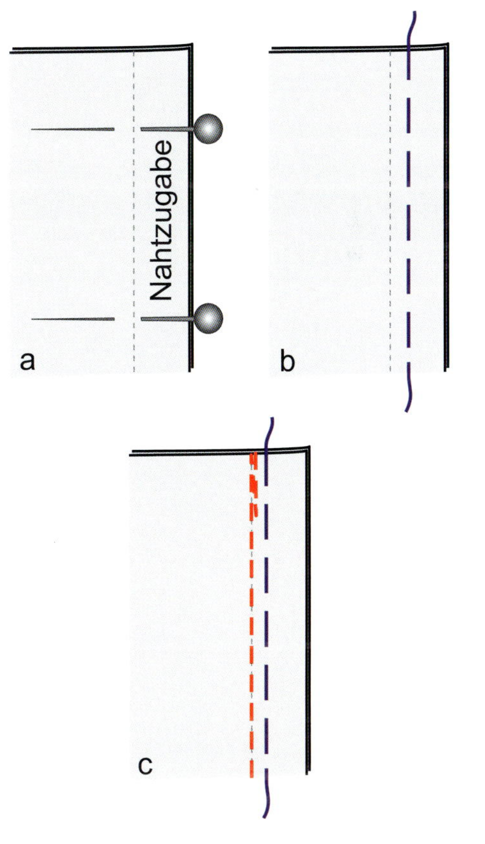

NÄHEN

Mit kleinem Geradstich auf der Kontur-Linie (= Nahtlinie) nähen. Ansatznähte von Teilen wie Ohren, Pfoten, etc. werden besonders stark beansprucht. Daher diese Stellen 2–3-mal mit Geradstich übernähen.

Achtung: Elastische Stoffe erfordern elastische Nähte, damit die Nähte beim Ausstopfen nicht reißen. Die meisten Nähmaschinen haben verschiedene elastische Stiche im Programm.

NÄHTE SICHERN/VERRIEGELN

Eine Nähmaschinennaht muss am Anfang und Ende vernäht, also *gesichert* werden, sonst löst sie sich auf. Am Nahtbeginn drei bis vier Stiche vorwärts nähen, dann die Rückwärtstaste drücken und zwei bis drei Stiche zurück nähen, anschließend wieder vorwärts nähen. Am Nahtende gegengleich verfahren.

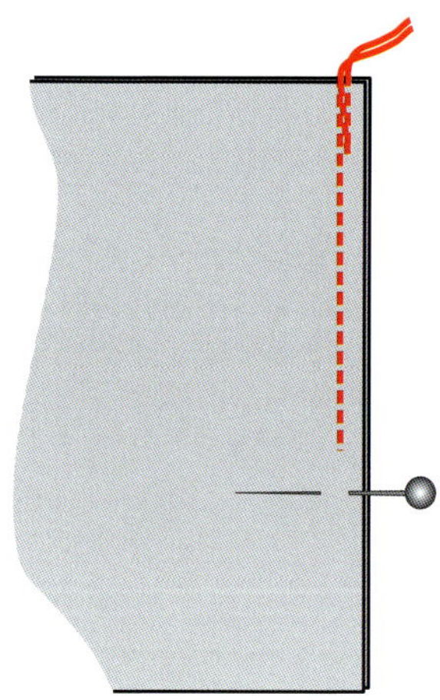

NAHTZUGABEN BESCHNEIDEN

Die Nahtzugabe wird nach dem Zusammennähen der Teile bis auf ca. 5 mm vor die Naht zurückgeschnitten. Jedoch nicht an den Wende-/Füllöffnungen. Hier wird sie benötigt um die Öffnung zu schließen. An Rundungen die Nahtzugaben in gleichmäßigen Abständen mehrmals quer, bis knapp vor die Naht einschneiden, damit der Stoff sich nach dem Wenden sauber in die Rundung legen kann. An Ecken oder Vertiefungen die Nahtzugabe quer, bis knapp vor die Naht einschneiden. An Spitzen bis knapp vor die Naht quer wegschneiden.

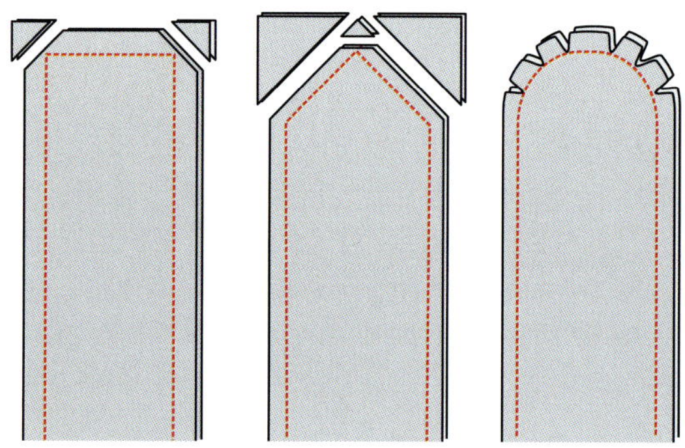

VERSÄUBERN

Um das Ausfransen von Schnittkanten zu verhindern, werden diese mit schmalen Zickzackstichen (a), oder mit einem Overlockstich (b) versäubert werden.

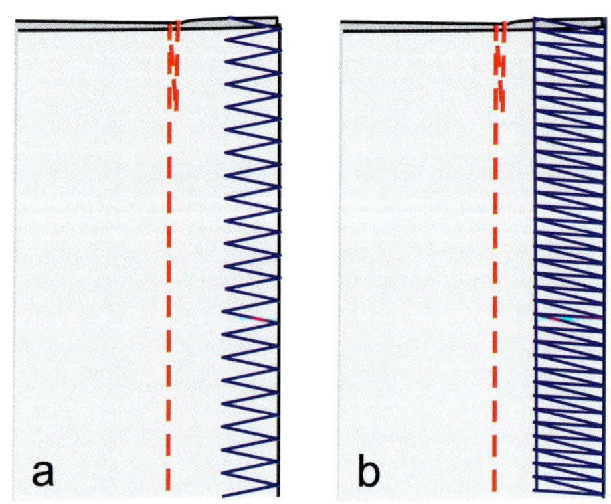

WENDEÖFFNUNG SCHLIESSEN

Mit der Nähmaschine: Die Nahtzugaben der Wendeöffnung nach innen falten und die Bruchkanten bündig aufeinanderstecken. Dann die Bruchkanten knappkantig mit kleinen Geradstichen zusammensteppen.

Von Hand mit Staffier- oder Leiterstich: Die Nahtzugaben in der Öffnung auf jeder Seite bis zur eigentlichen Nahtlinie nach innen klappen. Am letzten Stich der Naht unter der Nahtzugabe von innen nach außen mit der Nadel durch den Stoff ausstechen, 1–2 mm daneben wieder zurück stechen und den Faden anziehen, bis der Knoten festsitzt. Unter der Stoffbruchkante die Nadel 4–5 mm weit hohl nach vorne durchführen und im Stoffbruch nach oben ausstechen. Den Faden dann quer über die Mitte zur gegenüberliegenden Bruchkante legen, einstechen und dort ebenfalls wieder unter der Stoffbruchkante 4–5 mm die Nadel hohl nach vorne durchführen. Dies fortlaufend bis zum Ende der Öffnung wiederholen. Den Faden straffziehen, sodass die Stoffkanten „zusammenrutschen" und der Nähfaden nicht mehr sichtbar ist. Am Ende der Öffnung den Nähfaden verknoten und vernähen.

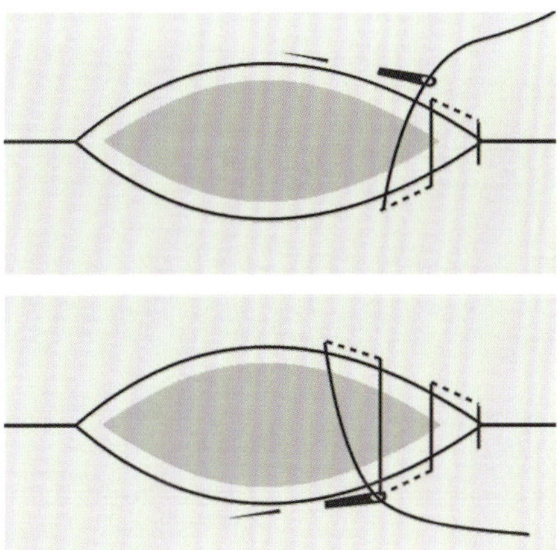

APPLIKATION

Als Applikationshilfe wird gerne das *Klebevlies Vlieseline® Vliesofix®* verwendet. Dies ermöglicht ein genaues Platzieren der Motive und ein leichtes Aufnähen, da die Schnittkanten durch das Aufbügeln schon fixiert sind. Es ist beidseitig mit einer aufbügelbaren Klebeschicht versehen und liegt auf einer leicht ablösbaren Papierschicht.

Die Applikationsvorlagen sind hier stets so gezeichnet, dass sie direkt auf die Papierschicht des Vliesofix gepaust werden können. Motiv grob ausschneiden. Das Teil mit der Klebeschicht (= leicht glänzende Vliesseite) auf die linke Seite des Motivstoffs legen, das Teil mit einem Bügeltuch abdecken und aufbügeln. Dann das Motiv exakt ausschneiden. Das Trägerpapier abziehen und die Applikation an der gewünschten Stelle auf dem Trägerstoff festbügeln.

Tipp: Es kann hilfreich sein, ein Stück *Stickvlies*, welches rundum etwas größer als das gesamte Applikationsmotiv ist, auf die Rückseite des Trägerstoffes zu legen. Dieses sorgt dafür, dass sich die Stoffe beim Applizieren nicht verziehen. Stickvlies feststecken oder anheften. Nach dem Applizieren das Stickvlies abreißen oder vorsichtig wegschneiden.

Zum *Aufnähen* eigenen sich ein dichter Zickzackstich (Stichlänge 1 mm, Stichbreite 2–3 mm), ein Applikationsstich oder ein kleiner Geradstich, der knapp neben der Schnittkante verläuft. Als Unterfaden Nähgarn in passender Farbe verwenden.

Ein *offener Nähfuß* kann sehr hilfreich sein, da er eine gute Sicht auf die Schnittkante des aufzunähenden Teils ermöglicht. Bei Rundungen langsam nähen und das Nähgut stetig drehen. Bei starken Rundungen den Nähvorgang mehrmals in kurzen Abständen unterbrechen. Die Nadel in den Stoff senken, Nähfuß heben, Arbeit wieder auf die Nähfußmitte ausrichten, Nähfuß senken und weiternähen.

SCHWIERIGKEITSGRAD ✱✱✱

Delfin

Der kleine Flippi ist bereit für die Delfin-Show im Kinderzimmer.

GRÖSSE

25 x 11 cm (Breite x Höhe)

MATERIAL

- Nicki in Jeansblau, 90 x 15 cm
- Strickbündchen-Schlauch in Blau-Hellblau, 6 x 20 cm
- Nähgarn in passender Farbe
- Sticktwist in Schwarz
- Füllwatte

ZUSCHNEIDEN

Alle Teile mit 1 cm Nahtzugabe zuschneiden.

Nicki in Jeansblau

1x Körperseite
1x Körperseite, seitengespiegelt
1x Rückenflosse
1x Rückenflosse, seitengespiegelt
2x Seitenflosse
2x Seitenflosse, seitengespiegelt
2x Schwanzflosse
1x Maul

Strickbündchen-Schlauch in Blau-Hellblau

1x Bauch

VORLAGEN

siehe Seite 13

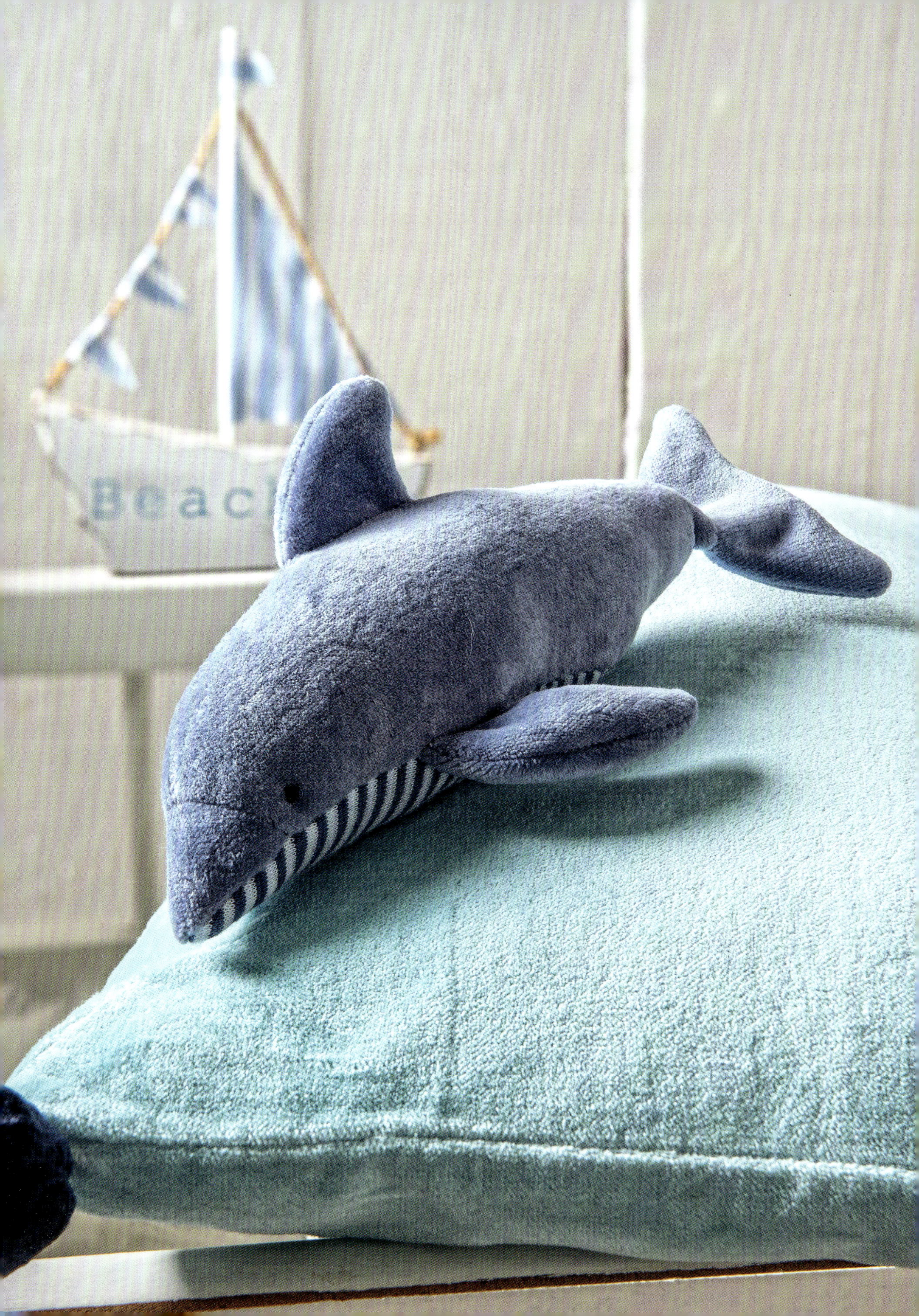

NÄHEN

1 Lege je zwei Seitenflossen paarweise rechts auf rechts und stecke sie zusammen. Nähe mit kleinem Geradstich die gerundeten Kanten, lasse die Wendeöffnung offen.

2 Beschneide die Nahtzugaben (siehe Seite 8), wende die Flossen und forme die Rundungen schön aus. Lege die Kanten der Wendeöffnung offenkantig links auf links und hefte sie innerhalb der Nahtzugabe aufeinander.

3 Nähe die Rückenflosse und die Schwanzflosse, wie bei der Seitenflosse beschrieben.

4 Stecke und hefte die Rückenflosse laut Schnittmarkierung an eine Körperseite – mit der Wendeöffnung kantenbündig zum Körperteil – und hefte sie innerhalb der Nahtzugabe an. Lege und stecke die zweite Körperseite rechts auf rechts und schließe die Rückenmitte. Falte die Teile auf und bügle (oder drücke mit den Fingern) die Nahtzugaben auseinander.

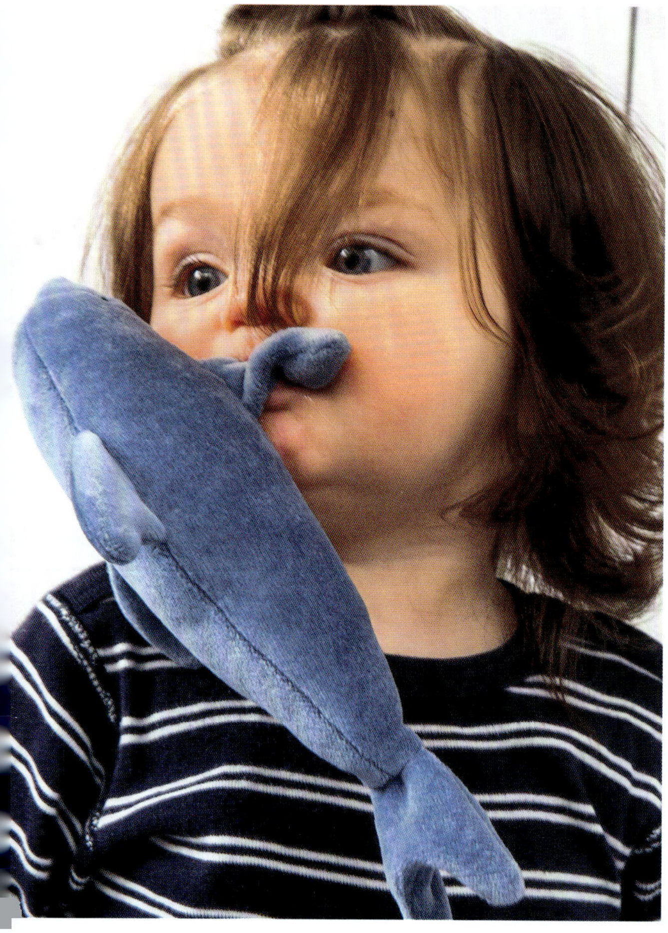

5 Nähe das Maul rechts auf rechts an den Körper. Lege die Nahtzugaben in den Körper.

6 Stecke und hefte die Seitenflossen laut Schnittmarkierung mit der geraden Kante rechts auf rechts an die Körperseiten.

7 Falte die Körperseiten rechts auf rechts. Stecke und schließe die Kante der Bauchmitte. Beende dabei die Naht beim Passzeichen ✶ exakt an der Nahtzugabe, damit du den Bauch einsetzen kannst.

8 Nähe den Bauch rechts auf rechts zwischen die Körperseiten, so wird der Körper rund geschlossen. Beschneide die Nahtzugaben, wende den Körper und forme ihn schön aus. Nimm zum Ausformen optional einen Ecken- und Kantenformer zu Hilfe.

9 Fülle den Körper satt mit Watte.

10 Schlage an der Wendeöffnung die Nahtzugaben nach innen. Drücke den Körper an der Wendeöffnung links auf links flach, sodass die Nähte von Rücken- und Bauchmitte aufeinandertreffen. Schiebe an der Öffnung die Schwanzflosse ein. Stecke und steppe die Kanten der Öffnung knappkantig zusammen.

11 Sticke mit ganzfädigem Sticktwist mit einem Knötchenstich (zwei Umwicklungen) die Augen.

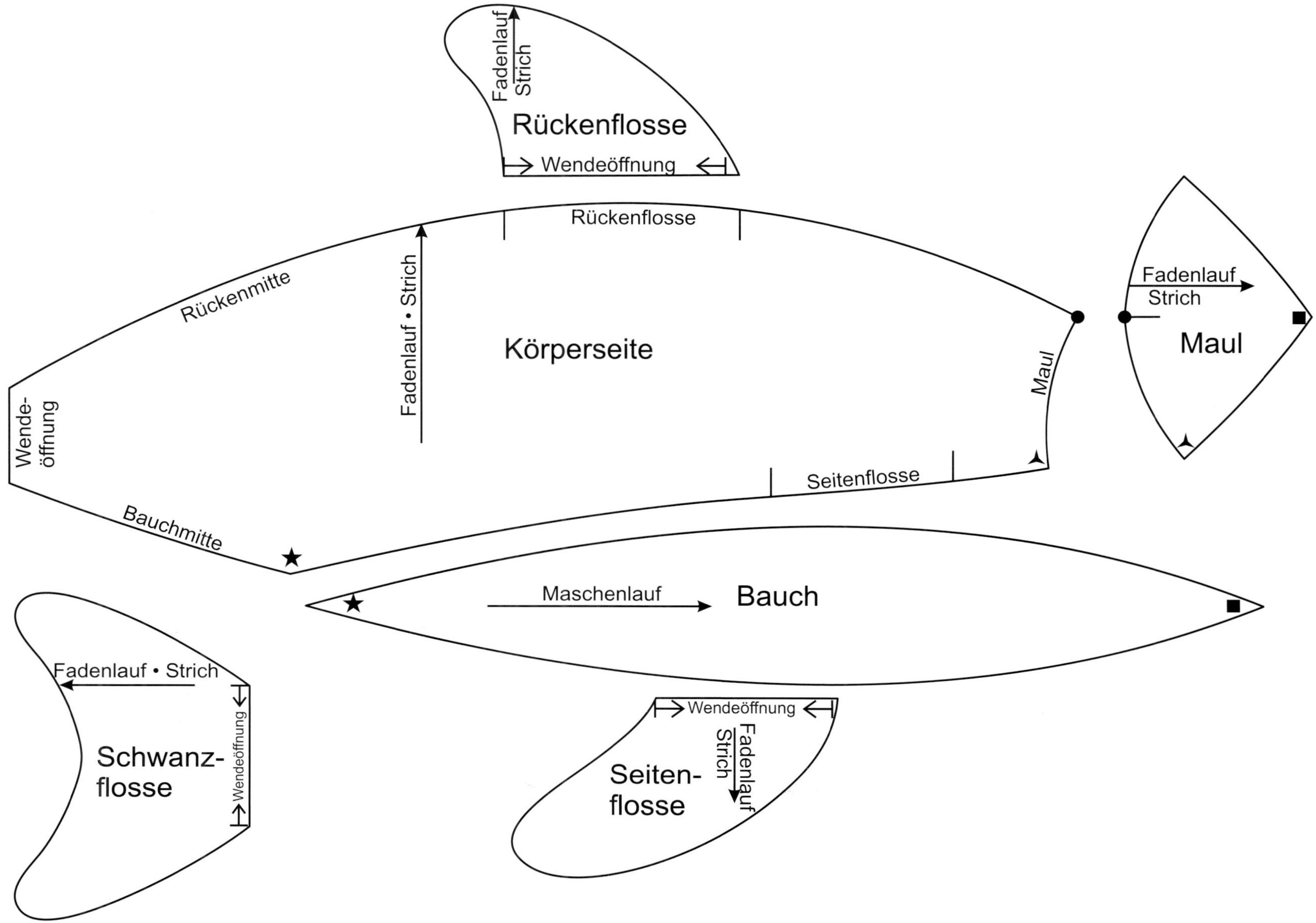

Fadenlauf
Strich
Rückenflosse
Wendeöffnung
Rückenflosse
Rückenmitte
Fadenlauf • Strich
Körperseite
Maul
Wende-
öffnung
Seitenflosse
Bauchmitte
Fadenlauf
Strich
Maul
Maschenlauf
Bauch
Fadenlauf • Strich
Wendeöffnung
Schwanz-
flosse
Wendeöffnung
Fadenlauf
Strich
Seiten-
flosse

SCHWIERIGKEITSGRAD ***

Schmuse-Eisbär

Der herzige Eisbär ist ideal zum Einschnuffeln geeignet.

GRÖSSE

22 x 30 cm (Breite x Höhe)

MATERIAL

- Teddy Plüsch in Crème, 75 x 30 cm
- French Terry in Lila/Blau gemustert, 35 x 30 cm
- Jersey in Lila, 50 x 10 cm
- Vliesofix, 8 x 8 cm
- ausreißbares Stickvlies, 10 x 10 cm
- Nähgarn in passenden Farben
- Bauschgarn in Lila
- Füllwatte
- Sicherheitsaugen, 12 mm Ø, 2 Stück

Optional für den Schal

- dünnes Baumwoll-Garn in Blaulila
- dünnes Baumwoll-Garn in Schwarz
- Häkelnadel, Nr. 3,5
- Wollnadel

ZUSCHNEIDEN

Alle Schnitteile mit 1 cm Nahtzugabe zuschneiden. Applikation siehe Seite 9.

Teddy Plüsch in Crème

1x Körper im Stoffbruch
8x Tatze
2x Ohr
1x Kopf-Seitenteil
1x Kopf-Seitenteil, seitengespiegelt
1x Kopf-Mittelteil

French Terry in Lila/Blau gemustert

1x Körper im Stoffbruch
2x Ohr

Jersey in Lila

1x Herz für Applikation
1x Tuch im Stoffbruch

VORLAGEN

siehe Seite 17

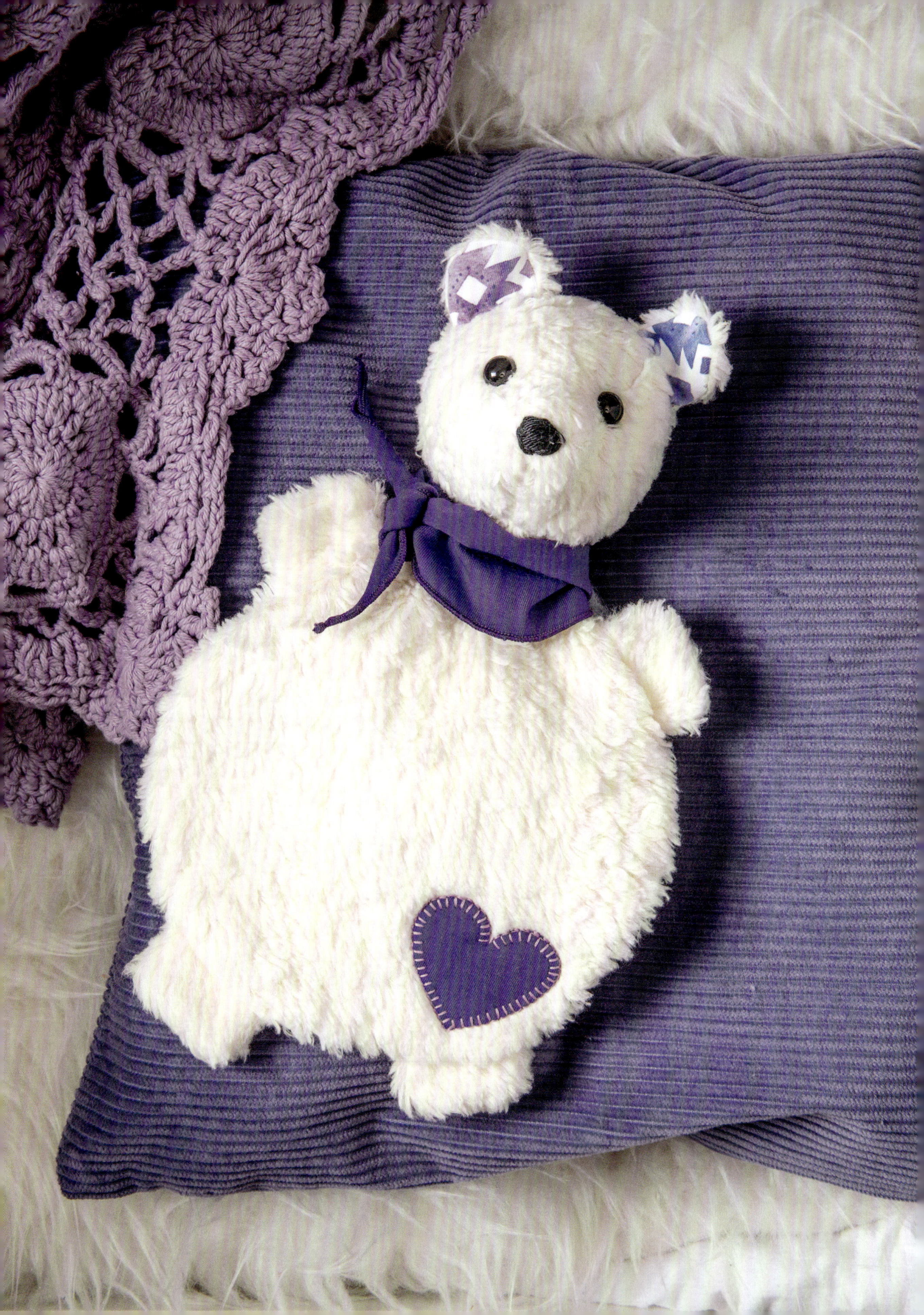

NÄHEN

1 Lege viermal je zwei Tatzen sowie zweimal zwei Ohren (1x Plüsch und 1x French Terry) rechts auf rechts und stecke sie zusammen. Nähe mit kleinem Geradstich die gerundeten Kanten, lasse die Wendeöffnung offen. Beschneide die Nahtzugaben (siehe Seite 8), wende alle Teile und forme die Rundungen schön aus. Nimm zum Ausformen optional einen Ecken- und Kantenformer zu Hilfe.

2 Stecke die Kopf-Seitenteile rechts auf rechts und nähe sie von der Nase bis zum Hals (Strecke 1–2) aufeinander. Stecke das Kopf-Mittelteil rechts auf rechts zwischen die Kopfteile und nähe es ein (Strecken 1–3). Beschneide die Nahtzugaben, wende den Kopf und forme die Rundungen schön aus.

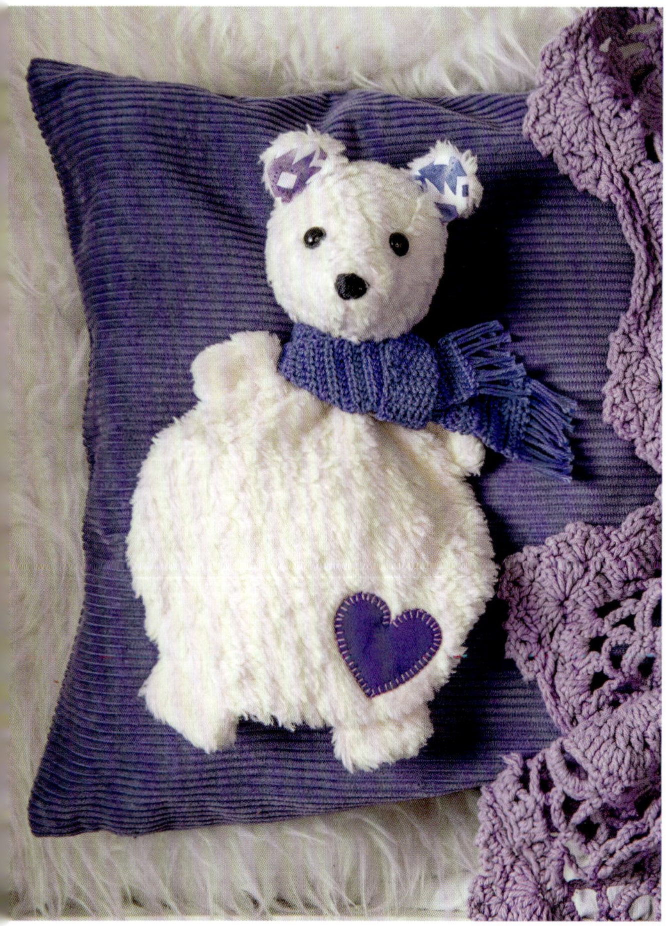

3 Appliziere das Herz auf den Plüsch-Körper (lege dabei ein Bügeltuch auf).

4 Lege die Tatzen laut Schnittmarkierungen rechts auf rechts auf den Plüsch-Körper – mit der Wendeöffnung kantenbündig zum Körperteil – und stecke die Lagen gut zusammen. Fixiere die Tatzen innerhalb der Nahtzugabe mit kleinem Geradstich.

5 Lege den French Terry-Körper rechts auf rechts obenauf und stecke die Lagen gut zusammen. Nähe mit kleinem Geradstich – bis auf die Wendeöffnung – einmal ringsherum. Beschneide die Nahtzugaben, wende den Körper und forme die Rundungen schön aus.

6 Bringe die Sicherheitsaugen am Kopf an und fülle ihn mit Füllwatte. Sticke die Nase mit Plattstichen in Schwarz auf. Schlage an den Ohren die Nahtzugaben nach links ein und nähe die Ohren von Hand auf den Kopf.

7 Schlage am unteren Kopfrand die Nahtzugabe nach links ein. Stülpe den Kopf über den oberen Teil des Körpers und nähe ihn rund fest.

8 Halstuch: Versäubere die Kanten des Halstuches mit einem Rollsaum (alternativ versäubere die Kanten und nähe die Nahtzugabe dann nach links um).

9 Optional für den Schal: Schlage mit Wolle in Blaulila 13 Luftmaschen an und häkle 90 Reihen wie folgt: 1 halbes Stäbchen in die 3. Masche ab der Nadel, 11 halbe Stäbchen in jede folgende Masche. Schneide den Faden ab und ziehe ihn durch die letzte Masche. Zieh für die Fransen 10 cm lange Fäden durch die 1. und letzte Reihe und verknote sie jeweils auf der Hälfte.

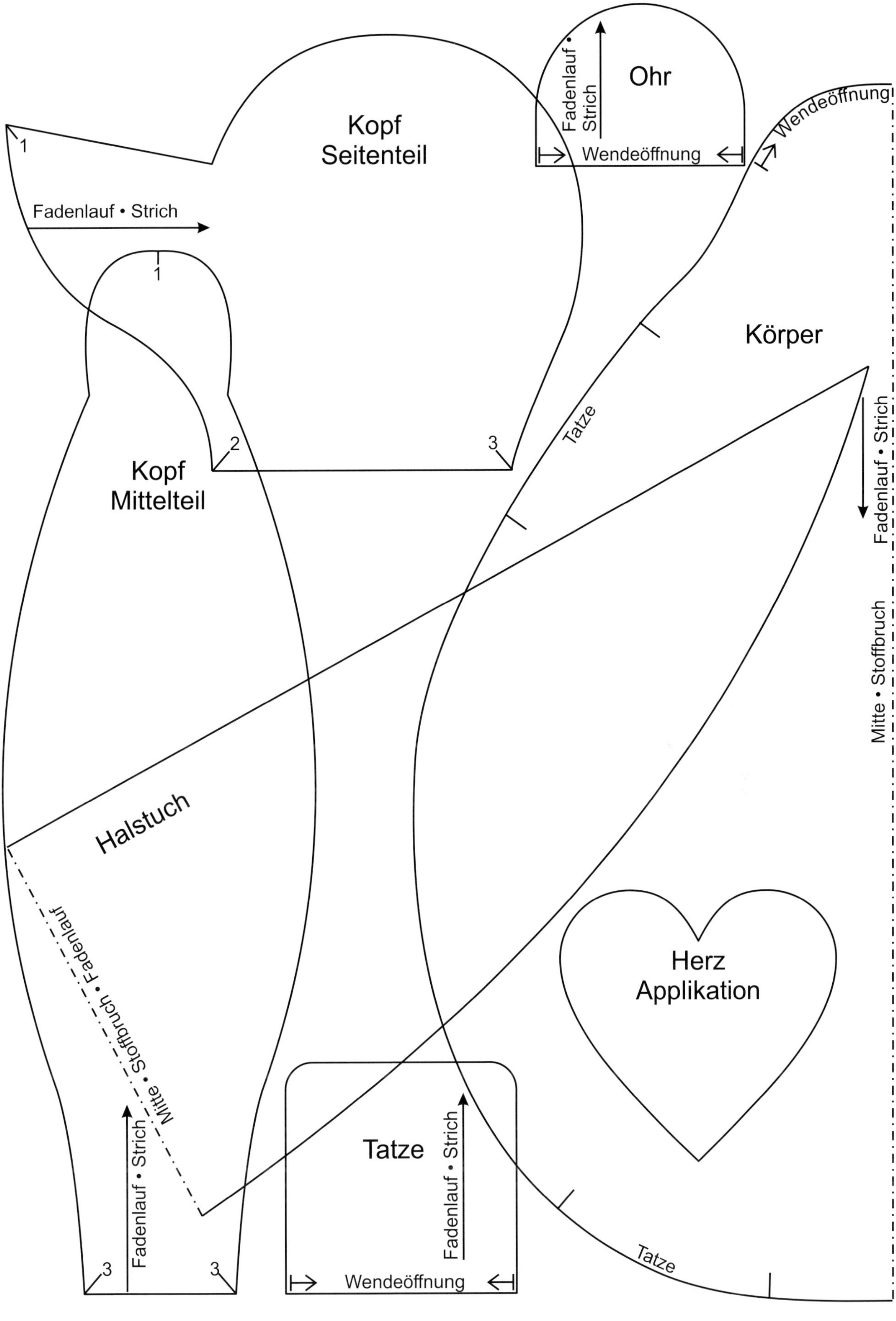
Ohr
Fadenlauf • Strich
Wendeöffnung
Kopf
Seitenteil
Fadenlauf • Strich
1
1
2
3
Wendeöffnung
Körper
Fadenlauf • Strich
Mitte • Stoffbruch
Tatze
Kopf
Mittelteil
Halstuch
Mitte • Stoffbruch • Fadenlauf
Fadenlauf • Strich
3
3
Tatze
Fadenlauf • Strich
Wendeöffnung
Herz
Applikation
Tatze

Eule

Mit Eulinchen kann bei Tag und Nacht gekuschelt werden.

GRÖSSE

20 x 25 cm (Breite x Höhe)

MATERIAL

- Baumwoll-Fleece in Mint, 50 x 30 cm
- Baumwollstoff in Weiß, 20 x 12 cm
- Baumwollstoff in Schwarz, 10 x 6 cm
- Baumwollstoff in Mint mit weißen Punkten, 40 x 8 cm
- Baumwollstoff in Mint mit weißen Sternen, 35 x 10 cm
- Vliesofix, 25 x 10 cm
- ausreißbares Stickvlies, 25 x 10 cm
- Nähgarn in passenden Farben
- Füllwatte

ZUSCHNEIDEN

Körper, Krallen und Flügel mit 1 cm Nahtzugabe zuschneiden. Applikationen siehe Seite 9.

Baumwoll-Fleece in Mint
2x Körper im Stoffbruch

Baumwollstoff in Weiß
1x Augenpartie für Applikation

Baumwollstoff in Schwarz
2x Auge für Applikation

Baumwollstoff in Mint mit weißen Sternchen
1x Schnabel für Applikation
4x Kralle

Baumwollstoff in Mint mit weißen Punkten
4x Flügel

VORLAGEN

siehe Seite 21

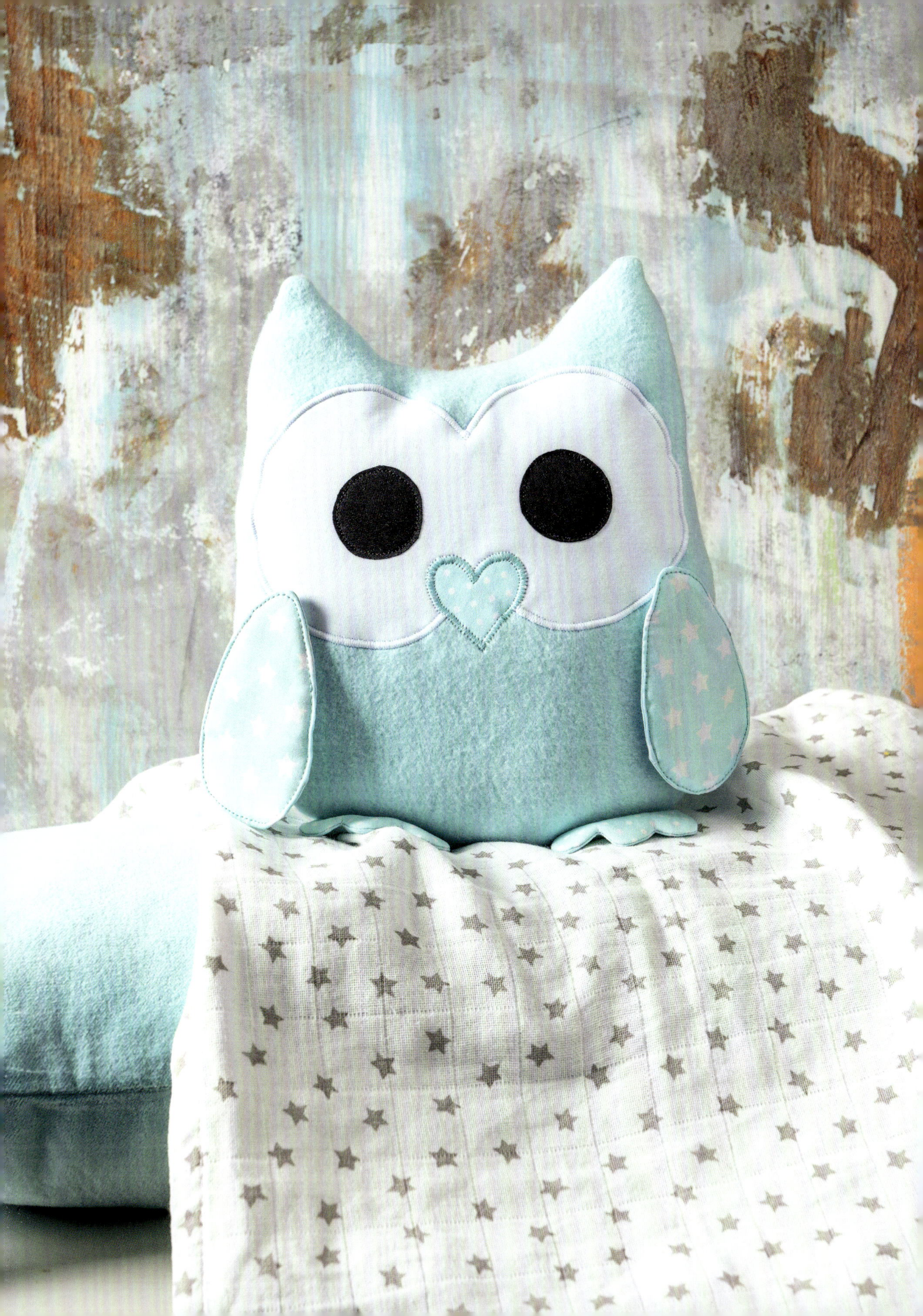

NÄHEN

1 Lege je zwei Krallenteile rechts auf rechts und stecke sie zusammen. Nähe mit kleinem Geradstich die gerundeten Kanten, lasse die Wendeöffnung offen. Beschneide die Nahtzugaben (siehe Seite 8), wende die Krallen und forme die Rundungen schön aus.

2 Nähe, wie bei den Krallen beschrieben, je zwei Flügelteile zusammen. Wende sie und schlage hier die Nahtzugaben der Wendeöffnung nach links ein. Steppe die Flügel rundum schmalkantig ab, schließe dabei die Wendeöffnung.

3 Appliziere die Augenpartie und die Augen auf ein Körperteil (lege dabei ein Bügeltuch auf). Danach wird die Nase aufgebügelt und appliziert.

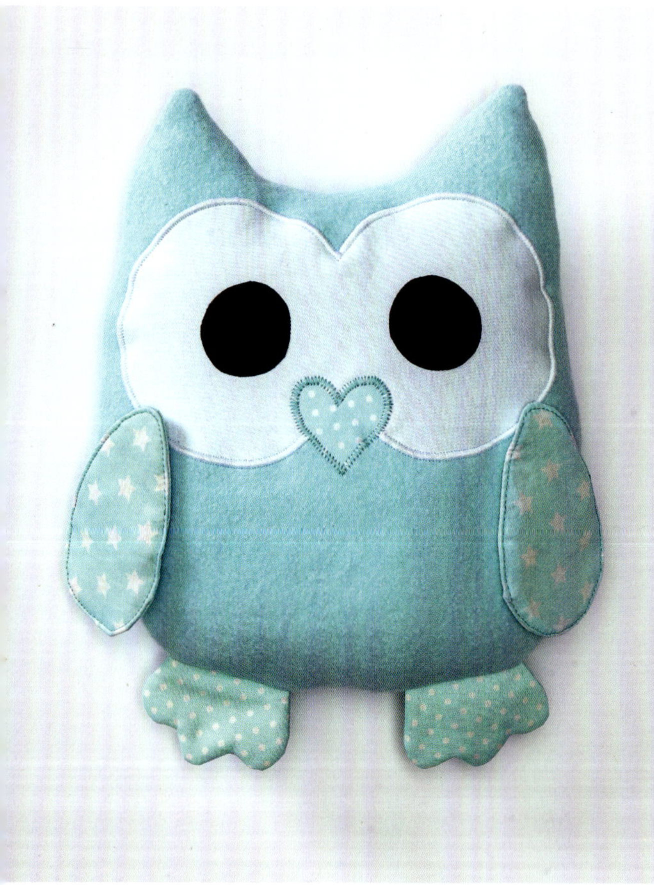

4 Lege die Krallen laut Schnittmarkierung rechts auf rechts auf die Körpervorderseite – mit der Wendeöffnung kantenbündig zum Körperteil – und stecke die Lagen gut zusammen. Fixiere die Krallen innerhalb der Nahtzugabe mit kleinem Geradstich.

5 Lege das zweite Körperteil rechts auf rechts obenauf und stecke die Lagen gut zusammen. Nähe mit kleinem Geradstich – bis auf die Wendeöffnung an einer Seite – einmal ringsherum. Beschneide die Nahtzugaben, wende den Körper und forme Rundungen und Spitzen schön aus. Nimm zum Ausformen optional einen Ecken- und Kantenformer zu Hilfe.

6 Nähe die Flügel von Hand fest an die Eule – die Flügelaußenkanten dabei ein Stückchen lose lassen.

7 Fülle den Körper mit Füllwatte. Verschließe die Wendeöffnung (siehe Seite 9).

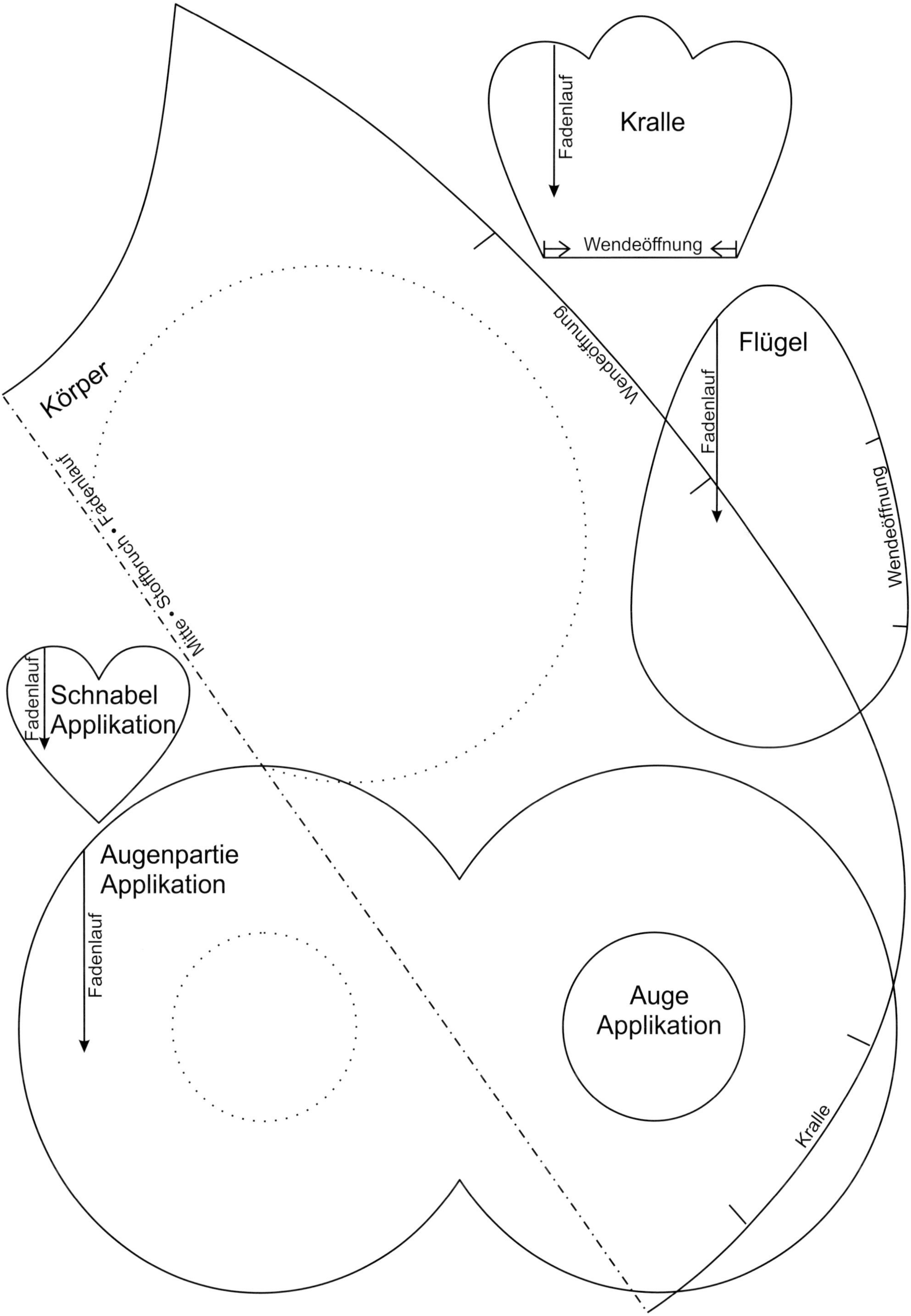
Kralle
Fadenlauf
Wendeöffnung
Flügel
Fadenlauf
Wendeöffnung
Körper
Wendeöffnung
Mitte • Stoffbruch • Fadenlauf
Schnabel
Applikation
Fadenlauf
Augenpartie
Applikation
Fadenlauf
Auge
Applikation
Kralle

Eselchen

Der putzige Esel möchte soooo gerne das allererste Lieblingstier sein!

GRÖSSE

26 x 20 cm (Breite x Höhe)

MATERIAL

- Cord in Grün mit weißen Punkten, 50 x 18 cm
- Fleece in Senfgelb, 35 x 12 cm
- Jersey in Grau-Weiß geringelt, 40 x 12 cm
- Zackenlitze in Senfgelb, 25 cm
- Nähgarn in passenden Farben
- Wolle in Braun und Grau
- Sticktwist in Braun
- Füllwatte

ZUSCHNEIDEN

Alle Teile mit 1 cm Nahtzugabe zuschneiden.

Cord in Grün mit weißen Punkten
1x Körper
1x Körper, seitengespiegelt

Fleece in Senfgelb
1x Schnauze
1x Schnauze, seitengespiegelt
2x Ohr

Jersey in Grau-Weiß geringelt
2x Bein
2x Ohr

VORLAGEN

siehe Seite 25

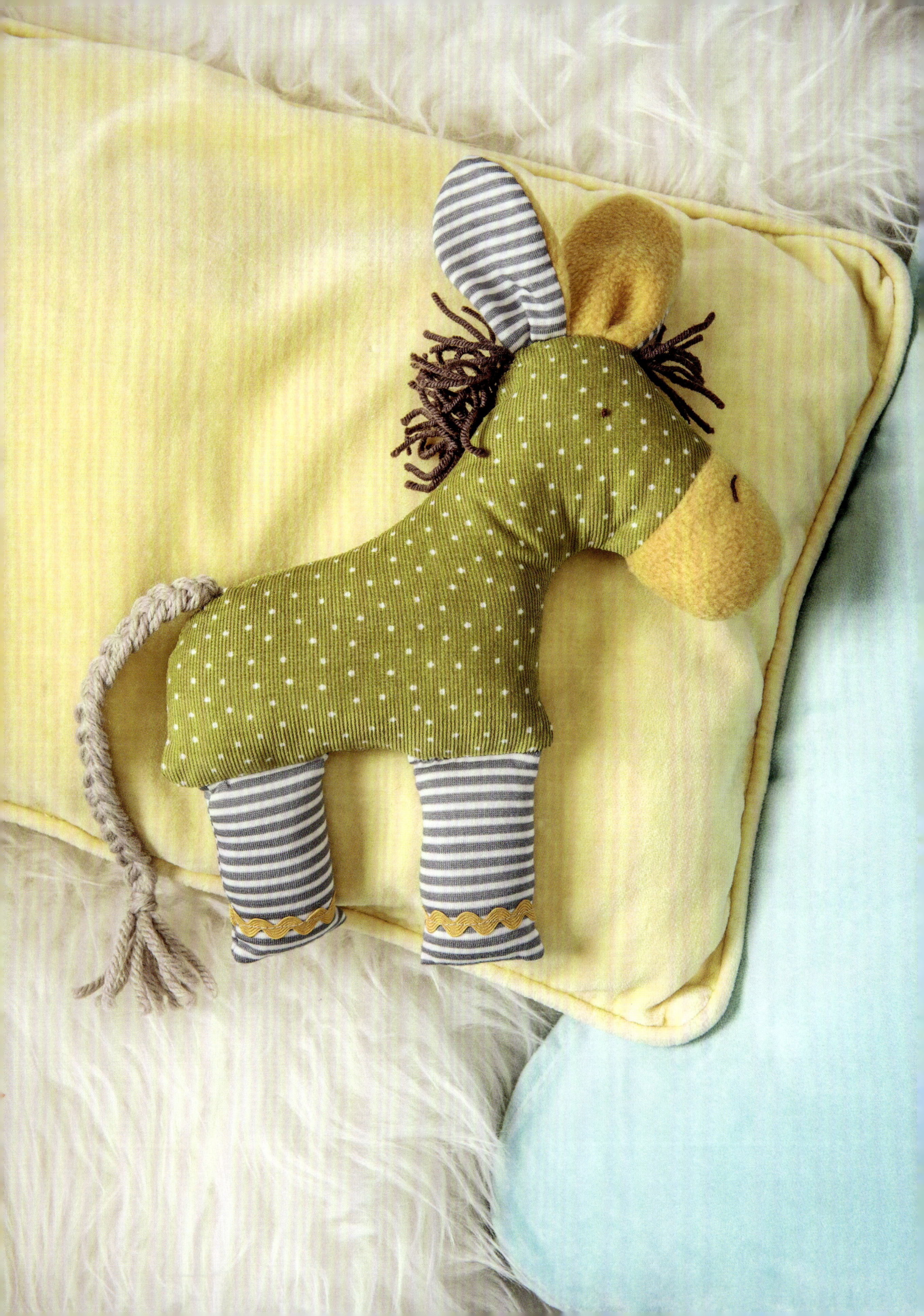

NÄHEN

1 Nähe die Schnauzenteile rechts auf rechts an die Körperteile. Bügle die Nahtzugaben auseinander.

2 Lege je ein Fleece-Ohr und ein Jersey-Ohr rechts auf rechts und stecke sie zusammen. Nähe mit kleinem Geradstich die gerundeten Kanten, lasse die Wendeöffnung offen. Beschneide die Nahtzugaben (siehe Seite 8), wende die Ohren und forme die Rundungen schön aus. Lege jeweils die unteren Ohrkanten offenkantig links auf links, lege mittig eine kleine Falte ein und fixiere diese mit einigen Stichen innerhalb der Nahtzugabe.

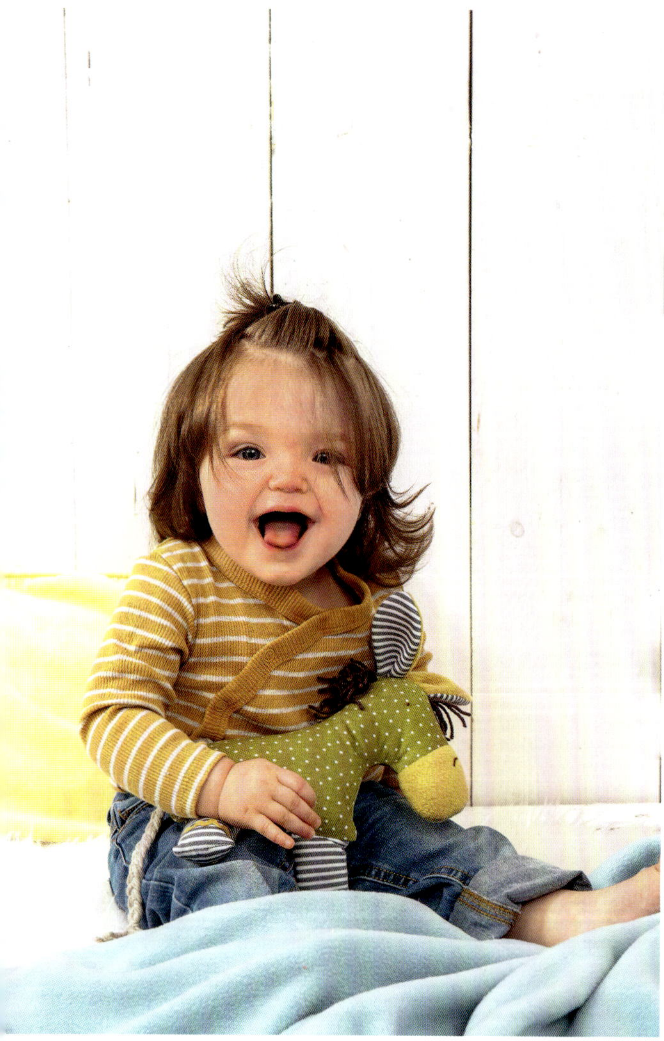

3 Halbiere die Zackenlitze und steppe je ein Stück im Abstand von 2,5 cm zur unteren Kante auf ein Bein. Lege jedes Bein längs, rechts auf rechts zur Hälfte und schließe die lange Kante sowie eine kurze Kante. Beschneide die Nahtzugaben, wende die Beine und forme die Ecken schön aus. Fülle die Beine mit Füllwatte. Hefte die Kanten der Wendeöffnung innerhalb der Nahtzugabe offenkantig links auf links.

4 Lege die beiden Ohren zuerst mit den Fleece-Seiten zueinander zeigend, leicht überlappend aufeinander, dann bei der Esel-Vorderseite laut Schnittmarkierung von rechts auf den Kopf – die Wendeöffnungen liegen kantenbündig zum Kopfteil – und stecke die Lagen gut zusammen. Hefte die Ohren an.

5 Lege die Beine laut Schnittmarkierung rechts auf rechts auf dieselbe Eselhälfte – mit der Wendeöffnung kantenbündig zum Körper – und stecke die Lagen gut zusammen. Fixiere die Beine innerhalb der Nahtzugabe.

6 Lege die zweite Eselhälfte rechts auf rechts obenauf und stecke die Lagen gut zusammen. Nähe mit kleinem Geradstich – bis auf die Wendeöffnung – einmal ringsherum. Beschneide die Nahtzugaben, wende den Esel und forme die Rundungen schön aus. Schließe die Wendeöffnung (siehe Seite 9).

7 Flechte aus der grauen Wolle einen ca. 15 cm langen Schwanz. Ende verknoten, einen Püschel stehen lassen. Schwanz von Hand festnähen.

8 Sticke mit ganzfädigem Sticktwist die Augen und die Nüstern auf.

9 Ziehe für Mähne und Pony an der Rückennaht ca. 6 cm lange Wollstücke quer, und dicht nebeneinander ein, verknote sie über der Naht mit einem festen Doppelknoten.

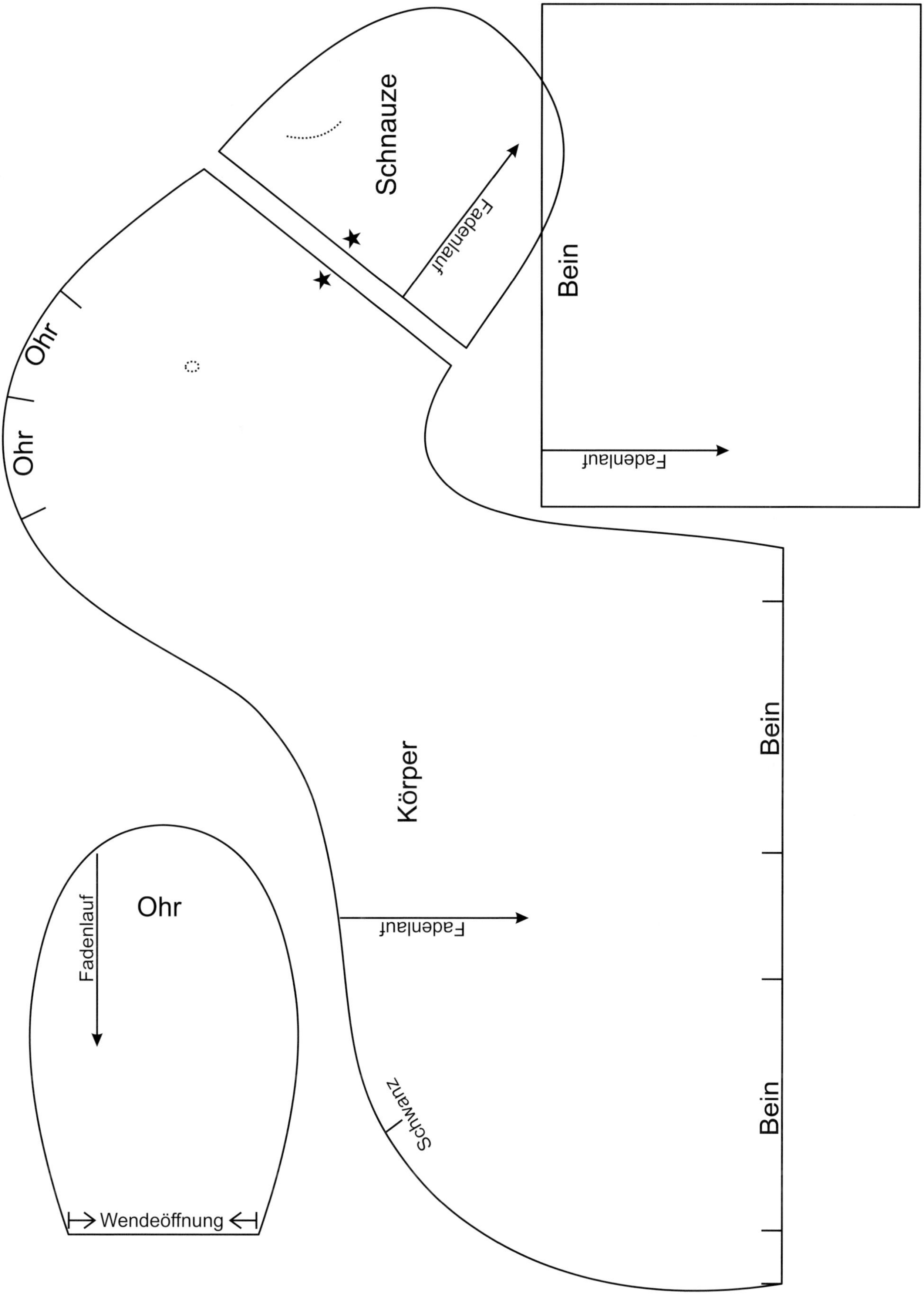

Schnauze
Fadenlauf
Bein
Fadenlauf
Ohr
Ohr
Körper
Bein
Bein
Ohr
Fadenlauf
Fadenlauf
Schwanz
Wendeöffnung

Kätzchen

Einfach total süß und knuffelig – zum Liebhaben und Spielen.

GRÖSSE

20 x 20 cm

MATERIAL

- Musselin in Rosa, 55 x 30 cm
- Jersey in Rot mit pinkfarbenen Punkten, 25 x 12 cm
- Vliesofix, 15 x 15 cm
- ausreißbares Stickvlies, 15 x 15 cm
- Nähgarn in passenden Farben
- Sticktwist in Zyklam
- Füllwatte

ZUSCHNEIDEN

Körper, Schwanz, Schwanzspitze und Ohren mit 1 cm Nahtzugabe zuschneiden. Applikationen siehe Seite 9; bei den Innenohren an den unteren Kanten jeweils 1 cm Nahtzugabe hinzugeben.

Musselin in Rosa
2x Körper
1x Schwanz
1x Schwanz, seitengespiegelt
2x Ohr

Jersey in Rot mit pinkfarbenen Punkten
2x Schwanzspitze
1x Bauchfleck für Applikation
2x Innenohr für Applikation

VORLAGEN

siehe Seite 29

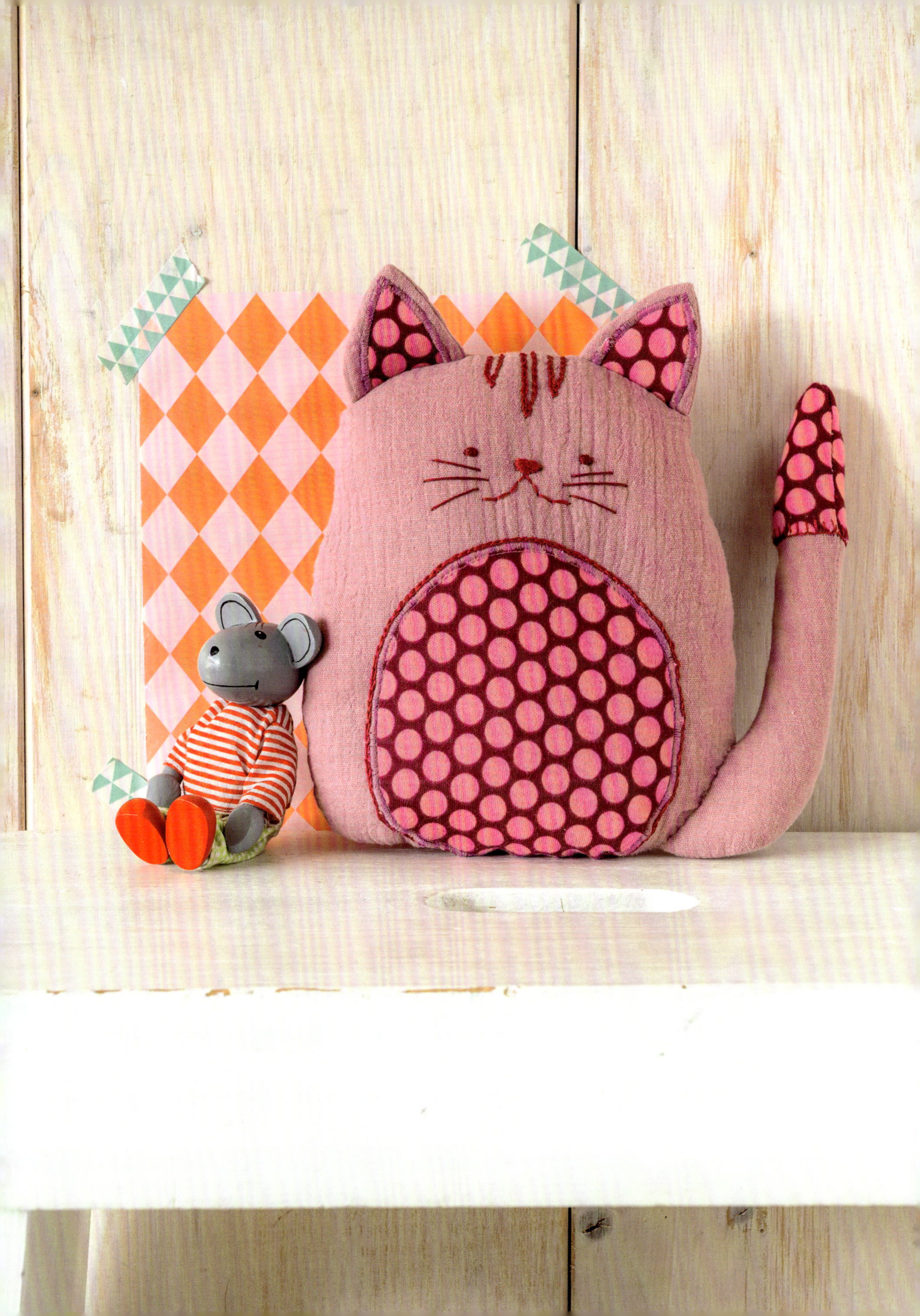

NÄHEN

1 Bügle den Bauchfleck auf einen Körper und die Innenohren auf je ein Ohr. Appliziere den Bauchfleck rundum. Appliziere die Innenohren an den innen liegenden Kanten.

2 Lege je ein Ohr mit Innenohr und ein zweites Ohr paarweise rechts auf rechts und stecke sie zusammen. Nähe mit kleinem Geradstich die gerundeten Kanten, lasse die Wendeöffnung frei. Beschneide die Nahtzugaben (siehe Seite 8), wende die Ohren und forme die Spitzen schön aus.

3 Nähe die Schwanzspitzen rechts auf rechts an die Schwanzteile. Bügle die Nahtzugaben auseinander. Lege die Schwanzteile rechts auf rechts und stecke sie zusammen. Nähe die Lagen mit kleinem Geradstich zusammen, lasse die Wendeöffnung offen. Beschneide die Nahtzugaben, wende den Schwanz und forme die Rundung schön aus. Fülle den Schwanz mit Füllwatte. Hefte die Kanten der Wendeöffnung innerhalb der Nahtzugabe offenkantig links auf links.

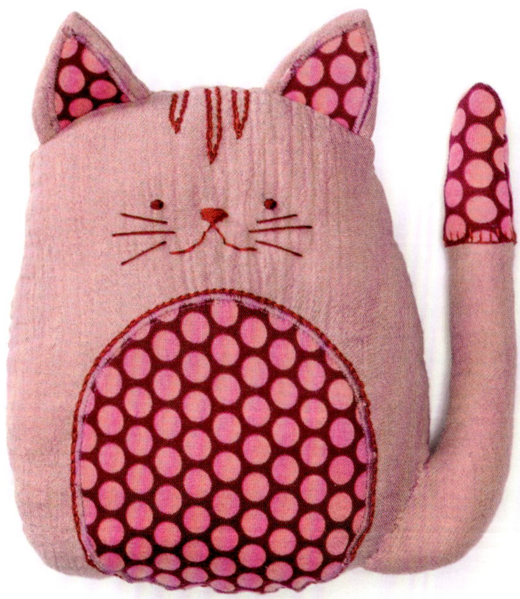

4 Lege die Ohren laut Schnittmarkierung rechts auf rechts auf den Körper mit appliziertem Bauch – mit der Wendeöffnung kantenbündig zum Körperteil, Innenohr zeigt zum Kopf – und stecke die Lagen gut zusammen. Fixiere die Ohren innerhalb der Nahtzugabe mit kleinem Geradstich.

5 Fixiere in gleicher Weise den Schwanz am Körperteil.

6 Lege den zweiten Körper rechts auf rechts obenauf und stecke die Lagen gut zusammen. Nähe mit kleinem Geradstich – bis auf die Wendeöffnung – einmal ringsherum. Beschneide die Nahtzugaben, wende die Katze und forme die Rundungen schön aus.

7 Fülle die Katze satt mit Füllwatte. Schließe die Wendeöffnung (siehe Seite 9).

8 Sticke mit ganzfädigem Stickgarn Langettenstiche rundum auf die Ansatzkante der Schwanzspitze, außerdem mit Kettenstichen rundum den Bauchfleck sowie die Stirnzeichnungen. Sticke mit dreifädigem Sticktwist die Augen mit Knötchenstichen, das Maul mit Rückstichen, die Nase mit Plattstichen und die Schnurrhaare mit Spannstichen.

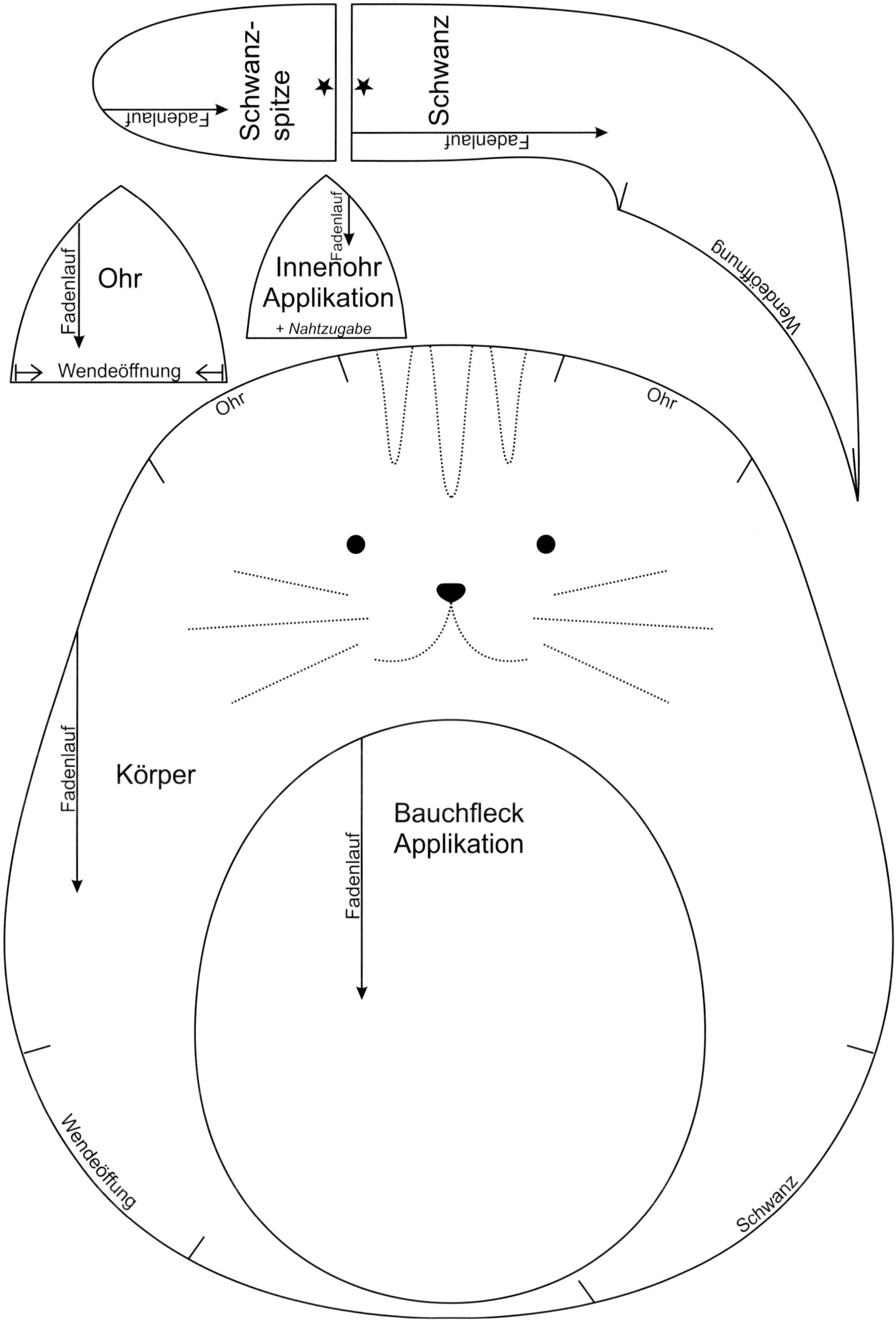
Schwanz-
spitze
Fadenlauf
Schwanz
Fadenlauf
Ohr
Fadenlauf
Wendeöffnung
Innenohr
Applikation
Fadenlauf
+ Nahtzugabe
Wendeöffnung
Ohr
Ohr
Körper
Fadenlauf
Bauchfleck
Applikation
Fadenlauf
Wendeöffung
Schwanz

Tukan

Direkt vom Regenwald flattert der Tukan in den Kinderwagen ...

GRÖSSE

16 x 23 cm (Breite x Höhe)

MATERIAL

- Nicki in Brombeere, 20 x 25 cm
- Nicki in Maisgelb, 15 x 6 cm
- Nicki in Apfelgrün, 10 x 6 cm
- Nicki in Natur, 12 x 12 cm
- Nicki in Rosa, 10 x 5 cm
- Vliesofix, 25 x 6 cm
- ausreißbares Stickvlies, 25 x 10 cm
- Nähgarn in passenden Farben
- Maschinenstickgarn in Rosa und Natur
- Sticktwist in Rost und Schwarz
- Füllwatte

ZUSCHNEIDEN

Körper, Schnabel und Schnabelspitze mit 1 cm Nahtzugabe zuschneiden. Streifen nach Maß zuschneiden. Applikationen siehe Seite 9, an den vorderen Kanten von Brust und Augenfleck 1 cm Nahtzugabe hinzugeben.

Nicki in Brombeere

1x Körper
1x Körper, seitengespiegelt
2x Streifen für Flügel 10 x 1,5 cm

Nicki in Maisgelb

1x Schnabel
1x Schnabel, seitengespiegelt
2x Streifen für Flügel 10 x 1,5 cm

Nicki in Apfelgrün

1x Schnabelspitze
1x Schnabelspitze, seitengespiegelt
2x Streifen für Flügel 10 x 1,5 cm

Nicki in Natur

2x Brustteil für Applikation

Nicki in Rosa

2x Augenfleck für Applikation

VORLAGEN

siehe Seite 33

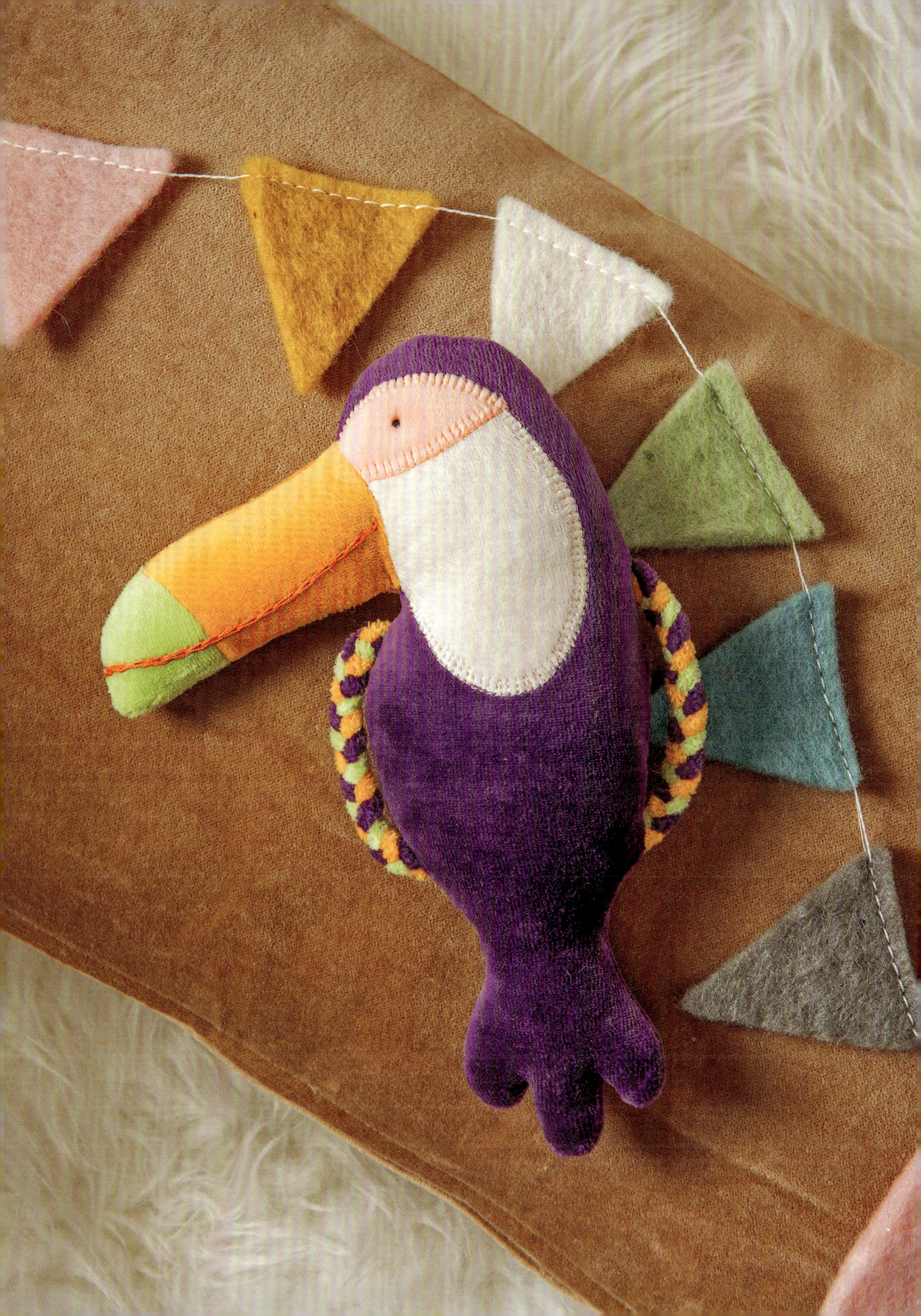

NÄHEN

1 Bügle das passende Brustteil auf einen Körper und darauf den passenden Augenfleck (lege dabei ein Bügeltuch auf und schiebe das Bügeleisen mit dem Flor-Strich). Appliziere die inneren Kanten der Teile mit passendem Maschinenstickgarn.

2 Nähe – rechts auf rechts – einen Schnabel und eine Schnabelspitze an die Körperteile.

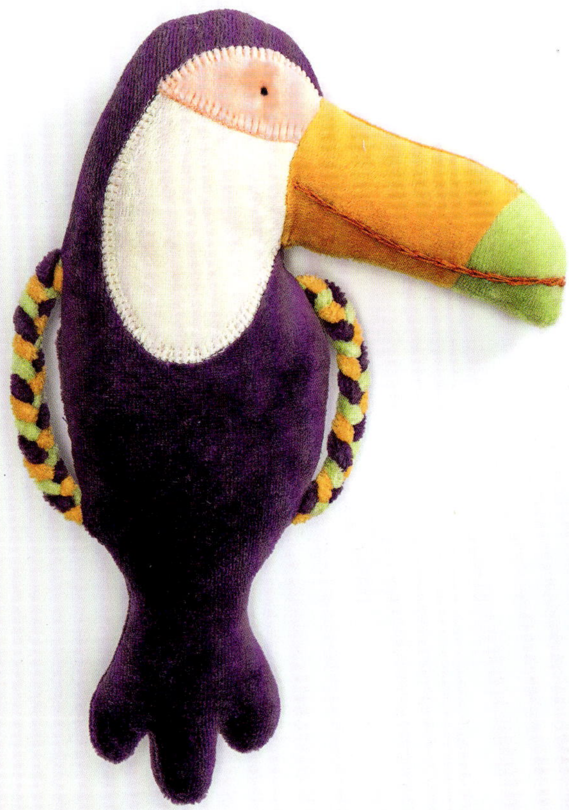

3 Zieh die Streifen für die Flügel in die Breite, sodass sich die langen Kanten einrollen. Nimm von jeder Farbe einen Streifen und flechte sie zu einem Zopf. Sichere Zopfanfang und -ende jeweils mit einem kleinen Stückchen Klebeband.

4 Lege die Flügel laut Schnittmarkierung auf die rechte Seite eines Körperteils – Flügelenden kantenbündig mit dem Körper – und hefte sie innerhalb der Nahtzugabe fest. Entferne das Klebeband.

5 Lege die Körperteile rechts auf rechts und stecke die Lagen gut zusammen. Nähe mit kleinem Geradstich – bis auf die Wendeöffnung – einmal ringsherum. Beschneide die Nahtzugaben (siehe Seite 8), wende den Tukan und forme Rundungen und Schnabelspitze schön aus. Nimm zum Ausformen optional einen Ecken- und Kantenformer zu Hilfe.

6 Fülle den Tukan mit Füllwatte. Hierbei kann ein Stift oder Pinselstiel hilfreich sein, um die Füllung schön in alle Rundungen zu bekommen. Schließe die Wendeöffnung von Hand (siehe Seite 9).

7 Sticke mit ganzfädigem Sticktwist in Schwarz mit Knötchenstichen (drei Umwicklungen) die Augen, sowie in Rost mit Stielstichen die Schnabelöffnung auf.

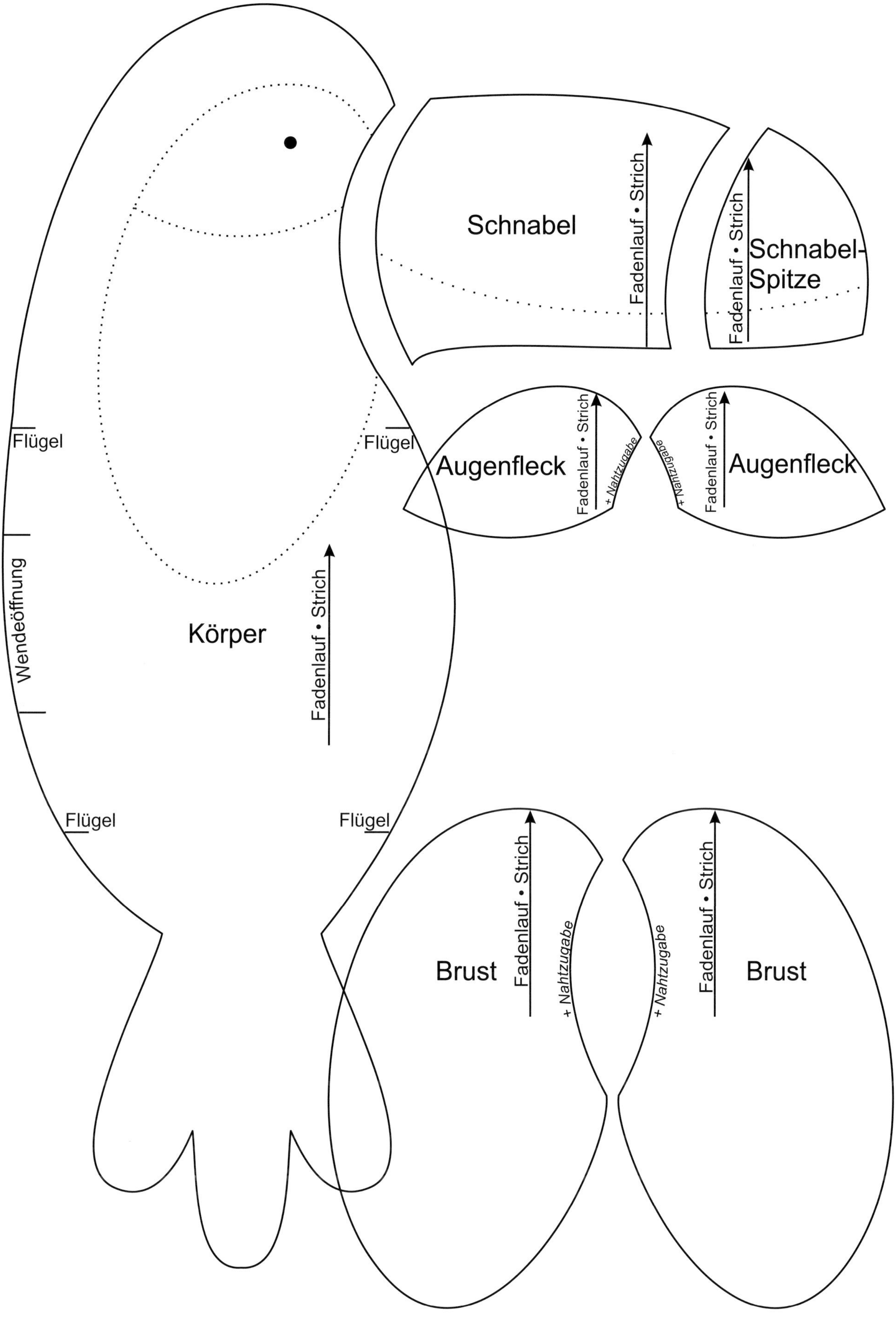
Schnabel
Fadenlauf • Strich
Schnabel-
Spitze
Fadenlauf • Strich
Flügel
Flügel
Augenfleck
Fadenlauf • Strich
+ Nahtzugabe
Augenfleck
Fadenlauf • Strich
+ Nahtzugabe
Wendeöffnung
Körper
Fadenlauf • Strich
Flügel
Flügel
Brust
Fadenlauf • Strich
+ Nahtzugabe
Brust
Fadenlauf • Strich
+ Nahtzugabe

SCHWIERIGKEITSGRAD **

Seepferdchen

Schmuseweich kommt ein kleines Seepferdchen dahergeschwebt.

GRÖSSE

11 x 23 cm (Breite x Höhe)

MATERIAL

- Nicki-Fleece in Apricot, 25 x 25 cm
- Nicki-Fleece in Rosa mit Pünktchen in Grau, 15 x 15 cm
- Nicki-Fleece in Hellgelb, 25 x 6 cm
- Vliesofix, 25 x 6 cm
- ausreißbares Stickvlies, 25 x 8 cm
- Nähgarn in passenden Farben
- Maschinenstickgarn in Rosa
- Sticktwist in Rosa und Schwarz
- Füllwatte

ZUSCHNEIDEN

Körper und Flossen mit 1 cm Nahtzugabe zuschneiden. Applikationen siehe Seite 9, jeweils an der vorderen Bauchkante 1 cm Nahtzugabe hinzugeben.

Nicki-Fleece in Apricot

1x Körper
1x Körper, seitengespiegelt

Niki-Fleece in Rosa mit Pünktchen in Grau

2x Bauch für Applikation

Nicki-Fleece in Hellgelb

2x Flosse
2x Flosse, seitengespiegelt

VORLAGEN

siehe Seite 37

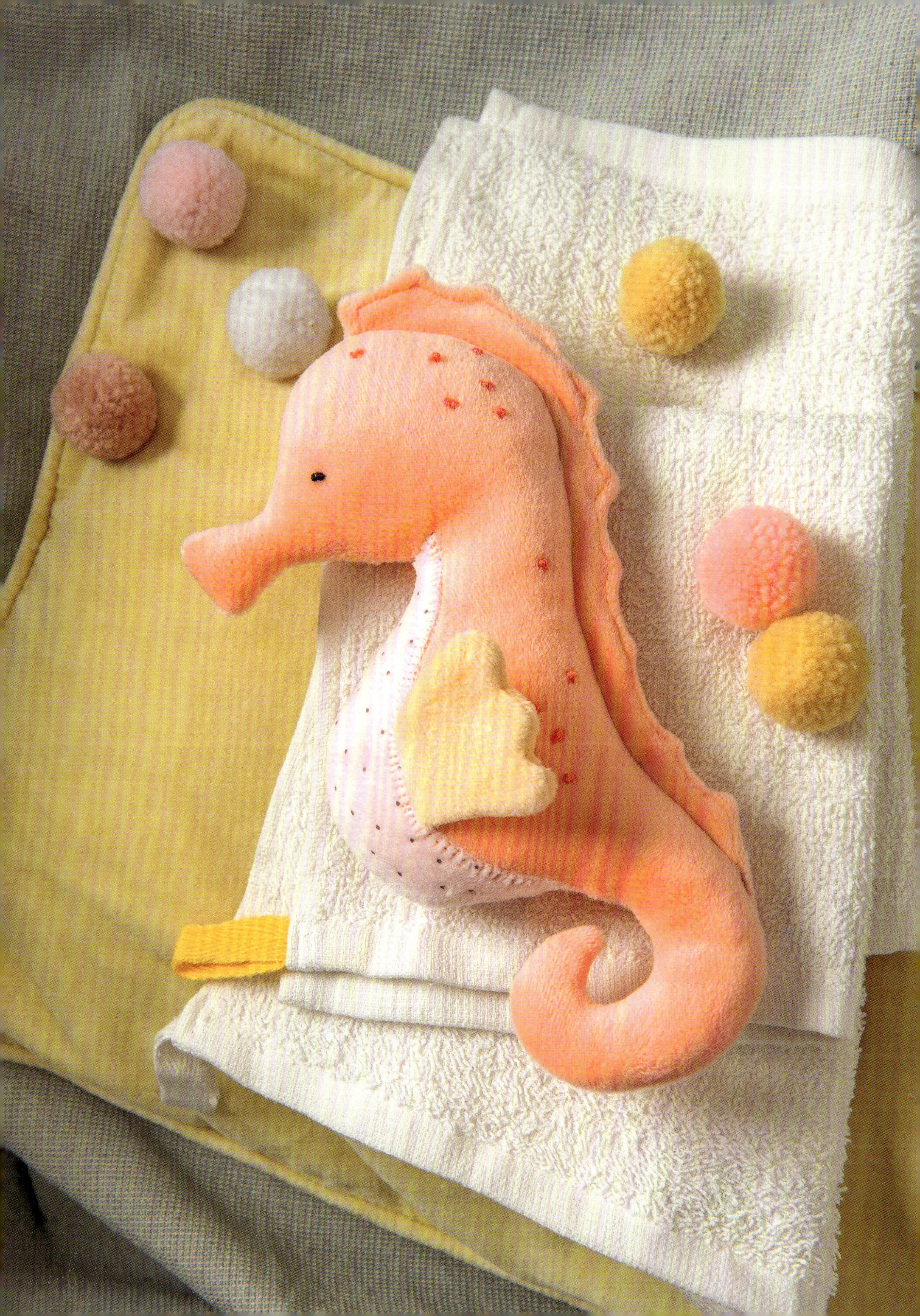

NÄHEN

1 Lege je zwei Flossen paarweise rechts auf rechts und stecke sie zusammen. Nähe mit kleinem Geradstich die gerundeten Kanten, lasse die Wendeöffnung offen.

2 Beschneide die Nahtzugaben (siehe Seite 8), wende die Flossen und forme die Rundungen schön aus. Lege die Kanten der Wendeöffnung offenkantig links auf links und hefte sie innerhalb der Nahtzugabe aufeinander.

3 Zieh jeweils die Papierträger von den Bauchteilen ab. Lege den passenden Bauch auf einen Körper, schiebe eine Flosse laut Schnittmarkierung mit der geraden Kante 1 cm weit unter den Bauch und stecke sie am Körper fest. Bügle nun den Bauch auf (lege dabei ein Bügeltuch auf und schiebe das Bügeleisen mit dem Flor-Strich). Appliziere die innere Kante des Bauchteils mit passendem Maschinenstickgarn, fasse dabei auch die Flosse mit.

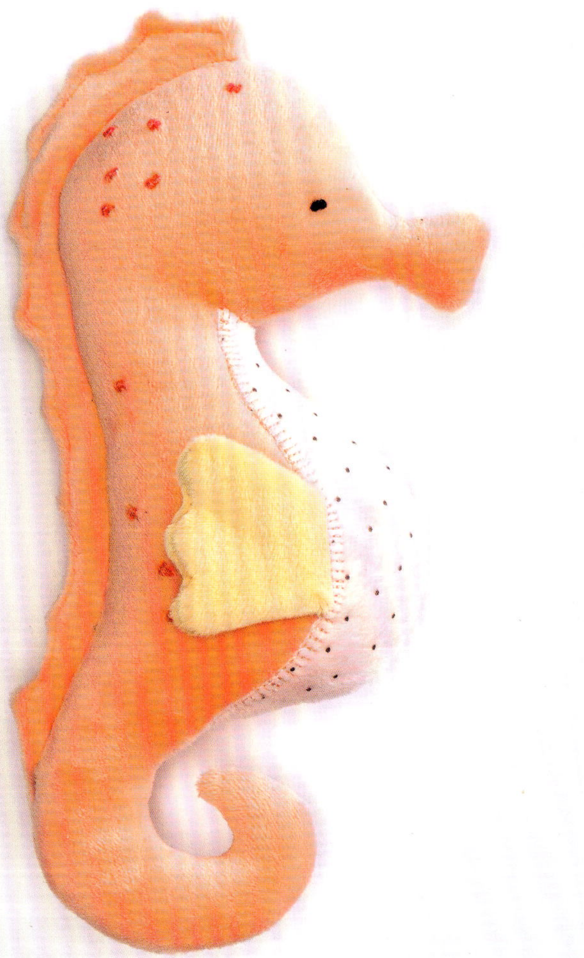

4 Lege die Körperteile rechts auf rechts und stecke die Lagen gut zusammen. Nähe mit kleinem Geradstich – bis auf die Wendeöffnung – einmal ringsherum. Beschneide die Nahtzugaben, wende das Seepferdchen und forme Rundungen und Zacken schön aus. Nimm zum Ausformen optional einen Ecken- und Kantenformer zu Hilfe.

5 Drücke das Seepferdchen links auf links flach und stecke die Lagen im Bereich der Rückenzacken aufeinander. Zeichne mit einem selbstlöschenden Stift die Rückenlinie vor. Steppe die Lagen entlang der Linie zusammen. Steppe außerdem die äußere Kante der Zacken im Abstand von 2–3 mm ab.

6 Fülle das Seepferdchen mit Füllwatte. Hierbei kann ein Stift oder Pinselstiel hilfreich sein, um die Füllung schön in alle Rundungen zu bekommen. Schließe die Wendeöffnung von Hand (siehe Seite 9).

7 Sticke mit ganzfädigem Sticktwist in Pink mit Knötchenstichen (drei Umwicklungen) die Rückenpocken, sowie in Schwarz die Augen auf.

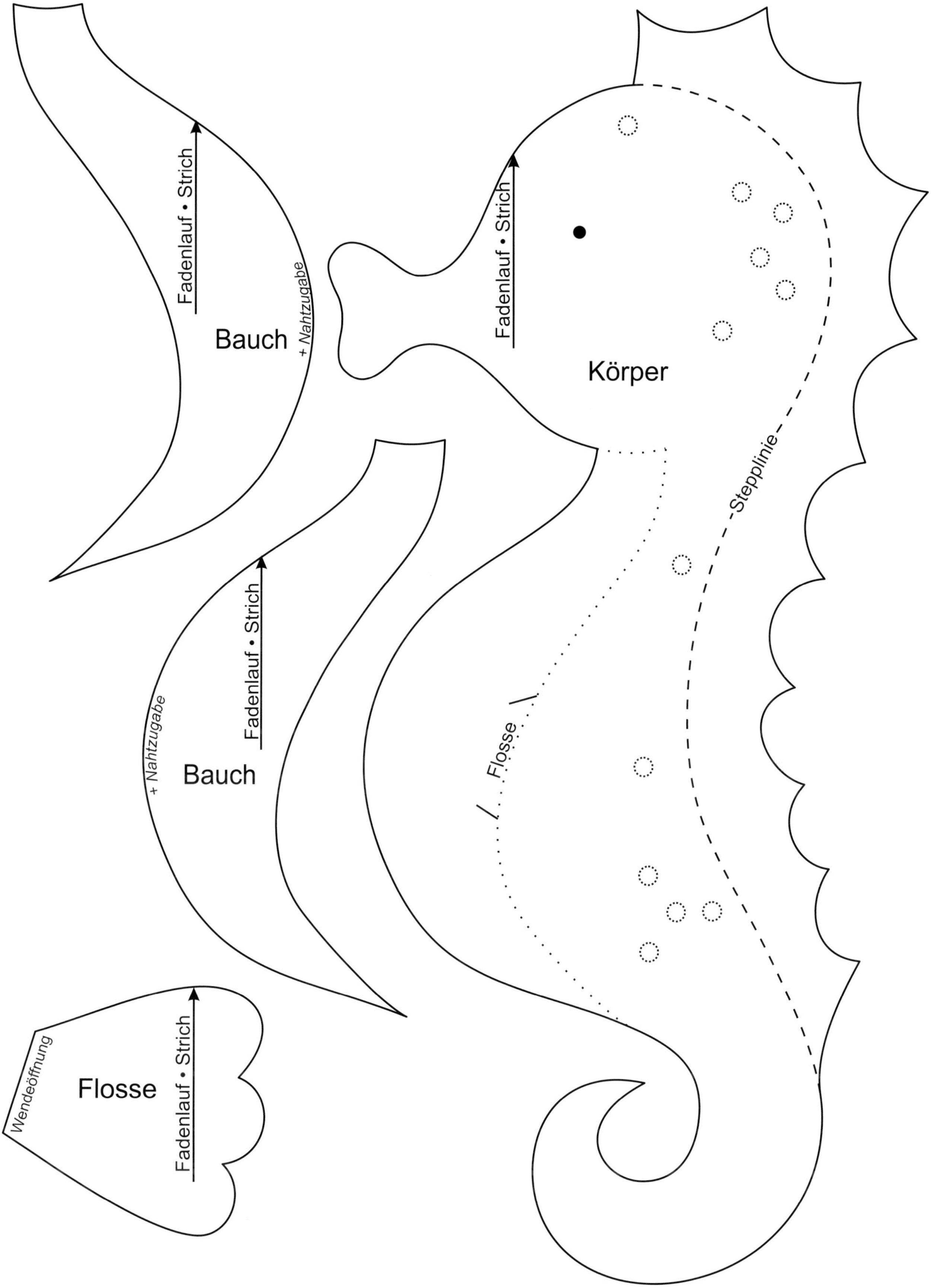
Fadenlauf • Strich
Bauch
+ Nahtzugabe
Fadenlauf • Strich
Körper
Stepplinie
Fadenlauf • Strich
Bauch
+ Nahtzugabe
Flosse
Wendeöffnung
Flosse
Fadenlauf • Strich

Greif-Bär

Der weiche Greifling lädt zum Fühlen und Festhalten ein.

GRÖSSE
7 x 17 cm (Breite x Höhe)

MATERIAL
- Baumwollstoff in Weiß mit farbigen Punkten, 15 x 6 cm
- Baumwollstoff in Beige, 25 x 12 cm
- Musselin in Weiß mit farbigen Punkten, 15 x 15 cm
- Musselin in Weiß mit farbigen Streifen, 15 x 15 cm
- Sicherheitsauge, 10 mm Ø
- wasserlösliches Stickvlies Solufix, 15 x 15 cm
- Nähgarn in passenden Farben
- Füllwatte

ZUSCHNEIDEN
Alle Schnitteile mit 1 cm Nahtzugabe zuschneiden.

Baumwollstoff in Weiß mit farbigen Punkten
2x Griff

Baumwollstoff in Beige
2x Kopf

Musselin in Weiß mit farbigen Punkten
1x Halstuch

Musselin in Weiß mit farbigen Streifen
1x Halstuch

VORLAGEN
siehe Seite 41

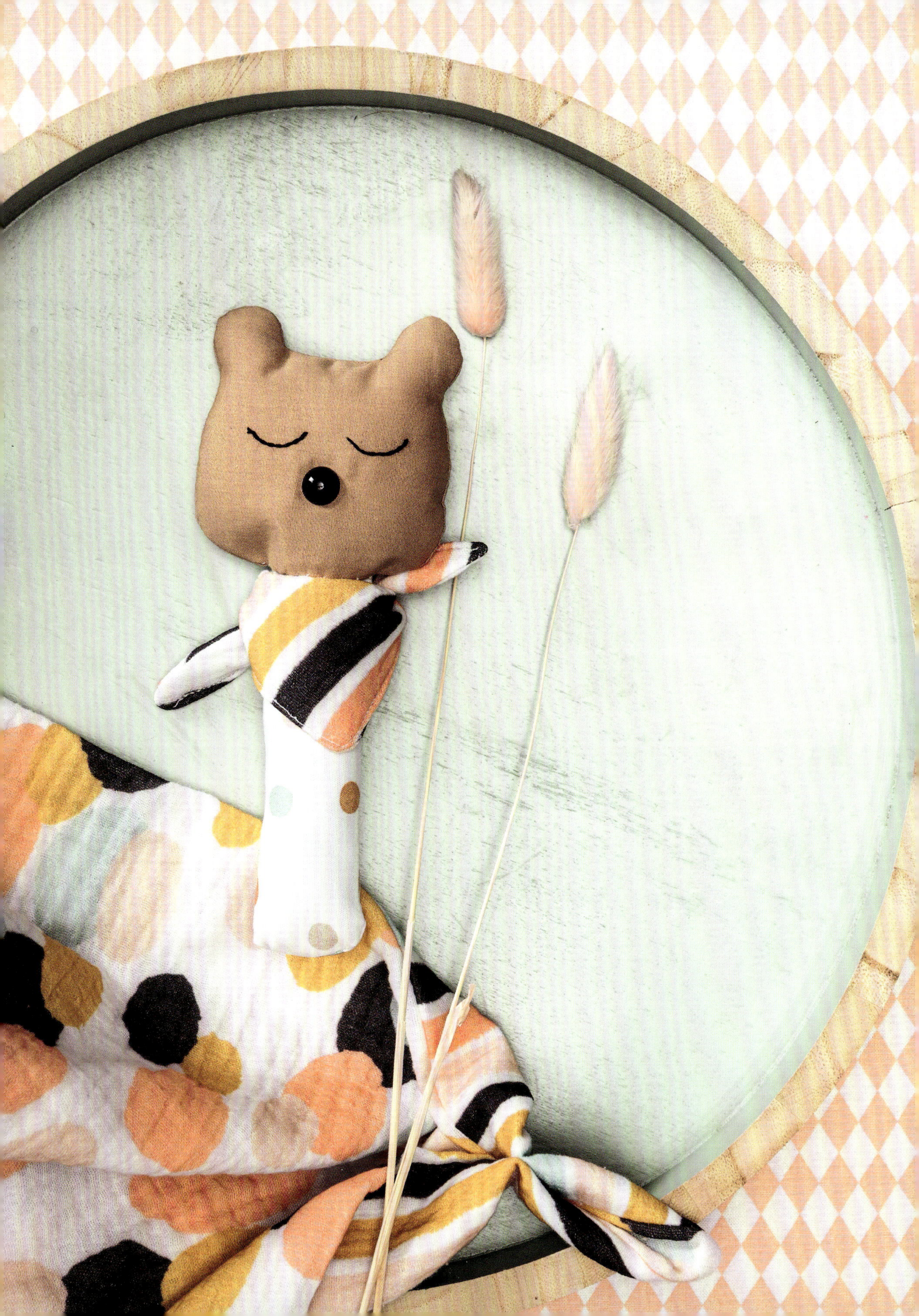

NÄHEN

1 Lege die Halstuchteile rechts auf rechts und stecke die Lagen gut zusammen. Nähe mit kleinem Geradstich – bis auf die Wendeöffnung – einmal ringsherum. Beschneide die Nahtzugaben (siehe Seite 8). Wende das Halstuch und forme die Spitzen schön aus. Nimm zum Ausformen optional einen Ecken- und Kantenformer zu Hilfe. Verschließe die Wendeöffnung (siehe Seite 9).

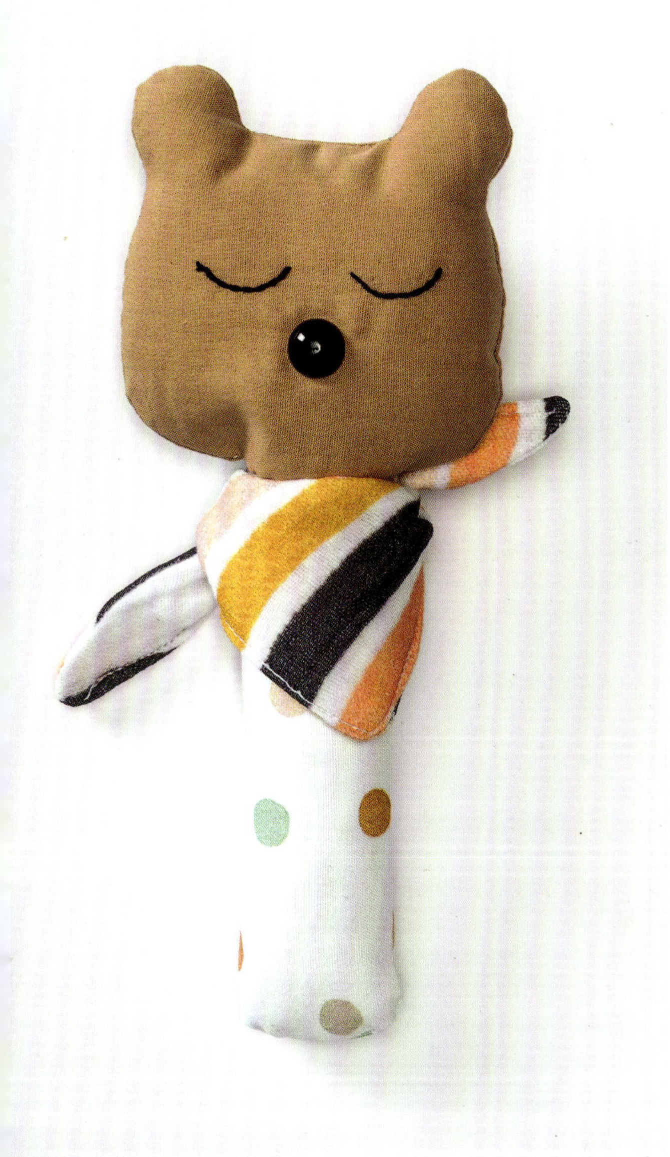

2 Übertrage das Gesicht auf die wasserlösliche Stickfolie, stecke diese auf das Kopfvorderteil und nähe die Augen mit Dreifach-Geradstich nach. Stickfolie ausreißen, evtl. Rückstände mit Wasser auswaschen.

3 Befestige nun das Sicherheitsauge als Nase.

4 Lege beide Kopfteile rechts auf rechts und stecke die Lagen gut zusammen. Nähe mit kleinem Geradstich – bis auf die Wendeöffnung – einmal ringsherum. Beschneide die Nahtzugaben, wende den Kopf und forme die Rundungen schön aus.

5 Lege die Griffteile rechts auf rechts und stecke die Lagen gut zusammen. Nähe sie mit kleinem Geradstich – bis auf die Wendeöffnung – zusammen. Beschneide die Nahtzugaben. Wende den Griff und forme die Rundung schön aus.

6 Fülle den Griff und den Kopf mit Füllwatte. Nähe den Kopf mit eingeschlagener Nahtzugabe von Hand am Griff fest.

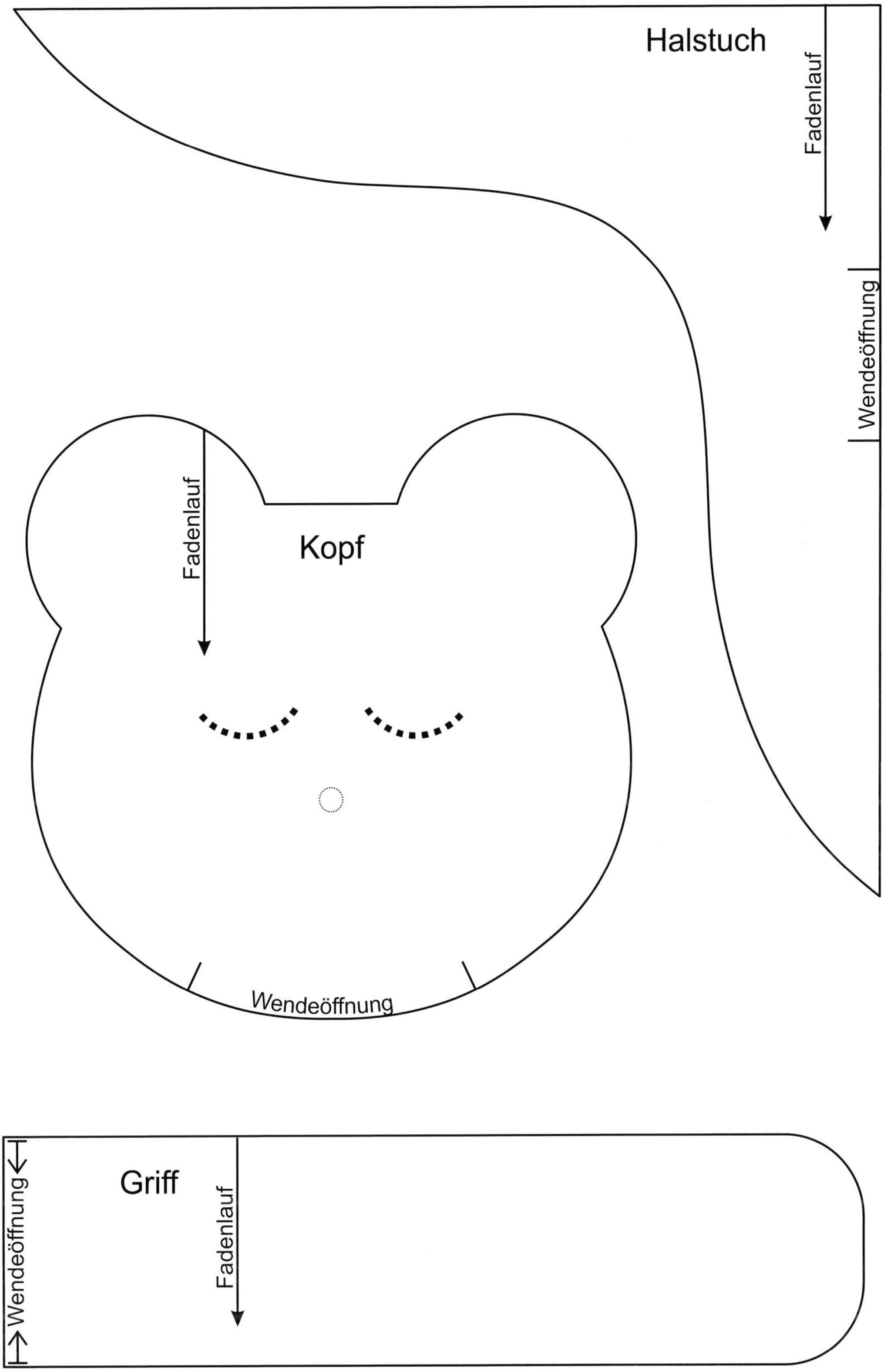
Halstuch
Fadenlauf
Wendeöffnung
Kopf
Fadenlauf
Wendeöffnung
Griff
Fadenlauf
Wendeöffnung

Beißring-Hund

Wenn die ersten Zähnchen plagen …

GRÖSSE
10 cm Ø

MATERIAL
- Nicki in Karamellbraun, 20 x 10 cm
- Fleece in Dunkelbraun, 25 x 10 cm
- Baumwollkordel Petrol-melange, 5 mm Ø, 30 cm
- Holzring, roh, natur, Außen-Ø 10 cm, Innen-Ø 7,5 cm
- Nähgarn in passenden Farben
- Sticktwist in Schwarz
- Füllwatte

ZUSCHNEIDEN
Körper und Ohren mit 1 cm Nahtzugabe zuschneiden. Streifen laut Maß zuschneiden.

Nicki in Karamellbraun
2x Körper
2x Streifen für Fixier-Schlaufe 5 x 1,5 cm

Fleece in Dunkelbraun
2x Ohr
2x Ohr, seitengespiegelt

VORLAGEN
siehe Seite 45

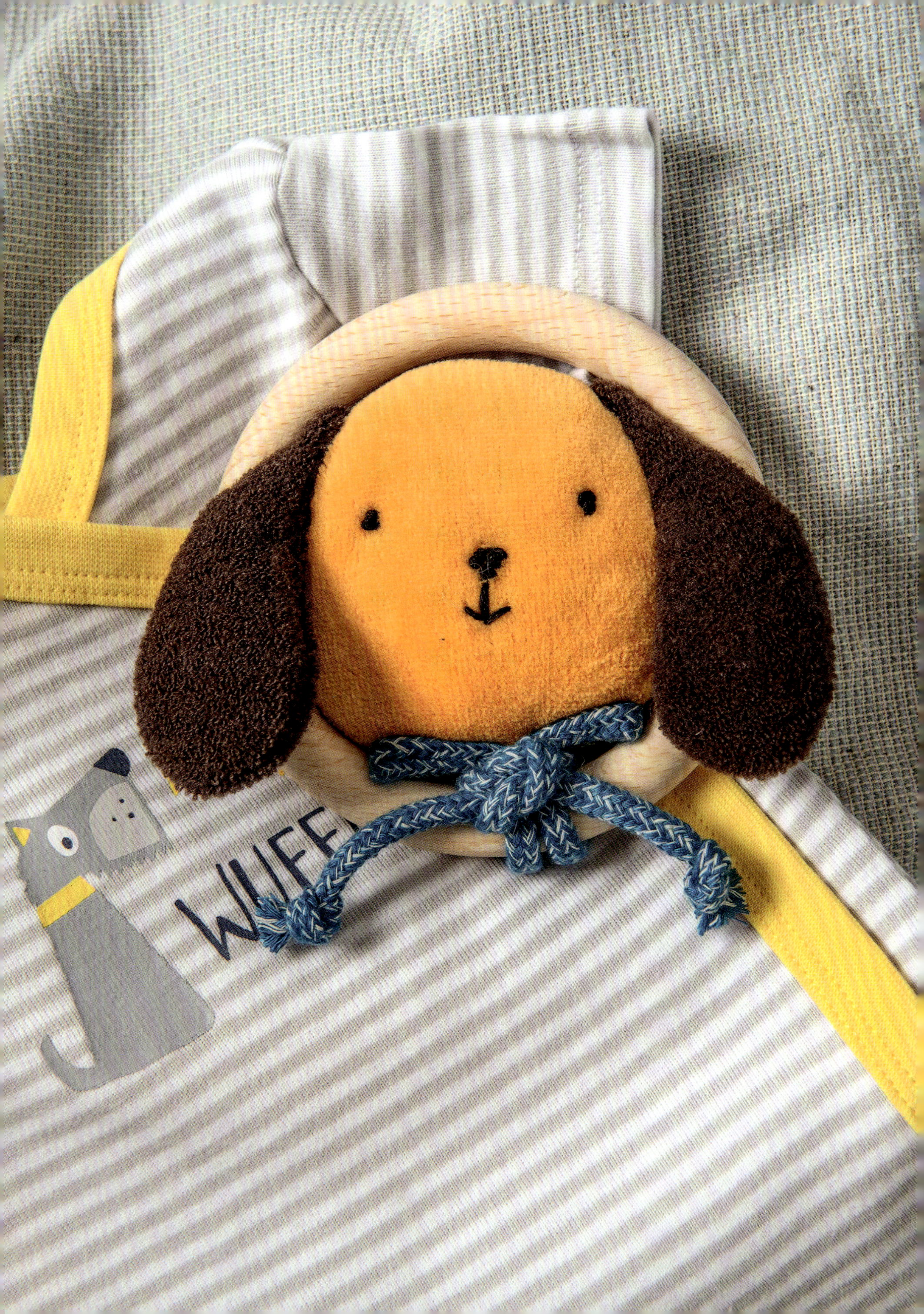

NÄHEN

1 Lege die Kopfteile rechts auf rechts und stecke die Lagen gut fest. Nähe die Teile mit kleinen Geradstichen zusammen, lass jedoch die Wendeöffnung, sowie die Öffnungen für die Fixier-Schlaufen frei. Beschneide die Nahtzugaben (siehe Seite 8), wende den Kopf und forme die Rundungen schön aus. Fülle den Kopf satt mit Füllwatte. Schließe die Wendeöffnung (siehe Seite 9).

2 Lege je zwei Ohren paarweise rechts auf rechts und stecke sie aufeinander. Nähe die Teile – bis auf die Wendeöffnung – mit kleinem Geradstich zusammen. Beschneide die Nahtzugaben, wende das Ohr und forme die Rundungen schön aus. Nimm zum Ausformen optional einen Ecken- und Kantenformer zu Hilfe. Schließe die Wendeöffnung.

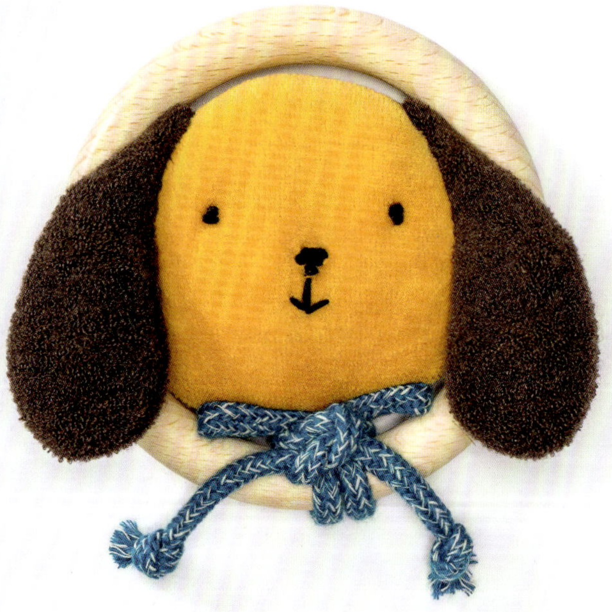

3 Lege die Ohren auf den Kopf und nähe nur die oberen 3 cm der Ohr-Innenkante von Hand fest. Für das „Halsband" lege die Kordel zur Hälfte, forme an der Bruchkante eine kleine Schlaufe – die Kordelenden laufen auf der Vorderseite in der Mitte der Schlaufe nach unten – und nähe diese am unteren Kopfrand rundum fest.

4 Ziehe die Streifen für die Fixier-Schlaufen in die Breite, sodass sich die langen Kanten einrollen. Lege die Streifen um den Holzring, ziehe sie straff und fixiere sie so knapp wie möglich neben der inneren Kante des Holzrings mit einigen Handstichen. Positioniere die fertigen Schlaufen dann gegenüberliegend.

5 Lege den Kopf in den Holzring. Stecke an den vorgesehenen Öffnungen die Schlaufenenden so weit wie möglich in den Kopf. Schließe die Öffnungen von Hand, fasse dabei die Schlaufen mit.

6 Lege die Kordelenden jeweils um den Holzring und ziehe sie von hinten nach vorne, seitlich neben der Umwicklung, nach vorne durch. Verknote die Kordelenden auf der Vorderseite.

7 Kürze die Kordelenden auf 3 cm und lege einen Überhandknoten ein.

8 Sticke mit ganzfädigem Sticktwist in Schwarz mit Knötchenstichen (drei Umwicklungen) die Augen und die Schnauze, sowie mit Spannstichen das Maul auf.

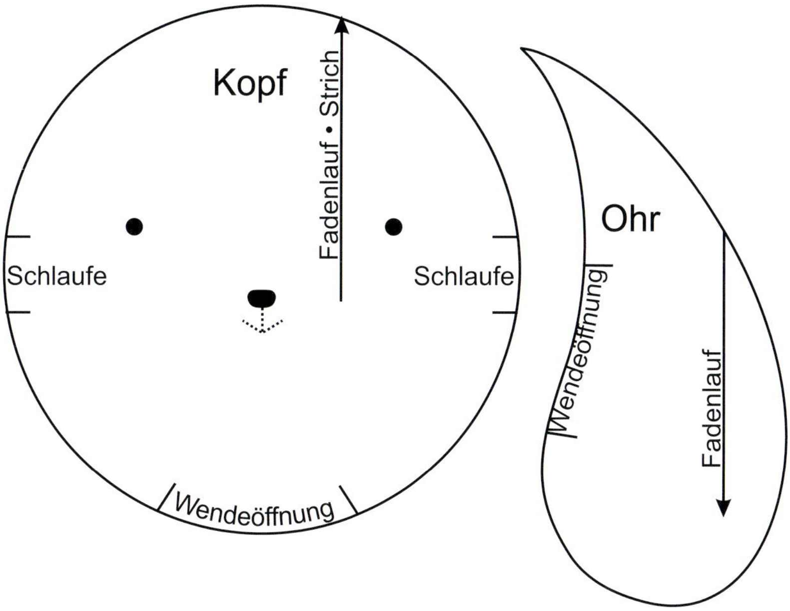
Kopf
Fadenlauf • Strich
Schlaufe
Schlaufe
Wendeöffnung
Ohr
Wendeöffnung
Fadenlauf

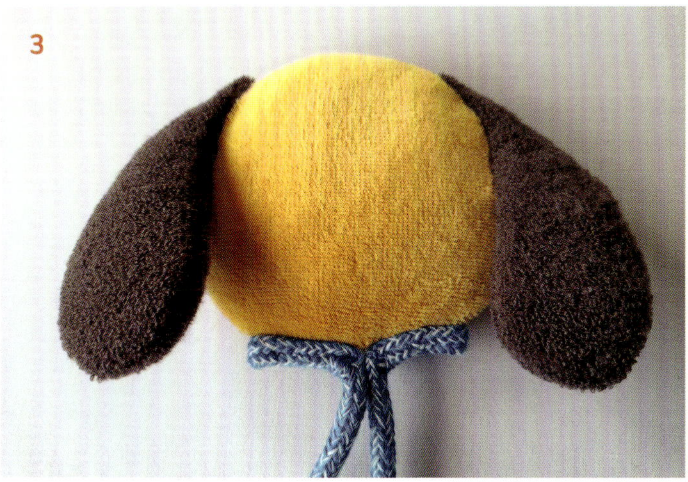
3

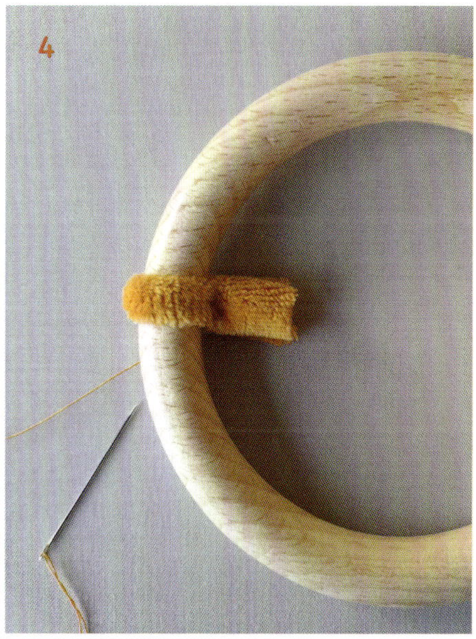
4

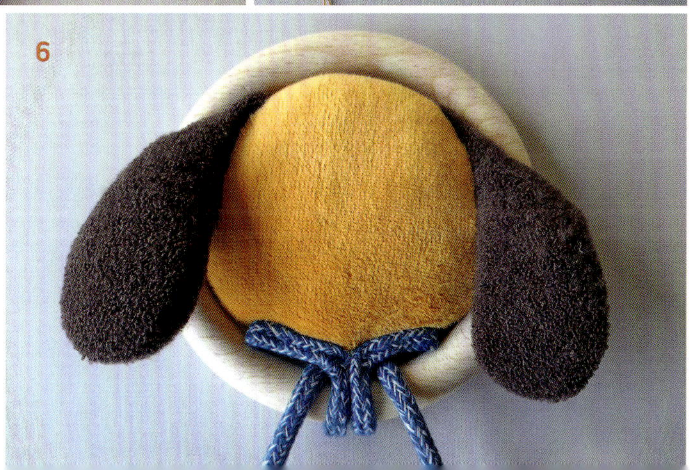
6

Würmchen

Die niedlichen Würmchen schlängeln sich durch jede Lücke!

GRÖSSE

20 x 8 cm (Breite x Höhe)

MATERIAL

- Nicki-Fleece in Hellgrün, 25 x 12 cm
- Strickbündchen-Schlauch nach Wunsch, 35 x 10 cm
- Nähgarn in passender Farbe
- Sticktwist in Schwarz
- Füllwatte

ZUSCHNEIDEN

Kopf mit 1 cm Nahtzugabe zuschneiden.
Streifen nach Maß schneiden.

Nicki-Fleece in Hellgrün
1x Kopf
1x Kopf, seitengespiegelt

Strickbündchen-Schlauch
2x Streifen für den Körper 37 x 10 cm

VORLAGE

siehe Seite 49

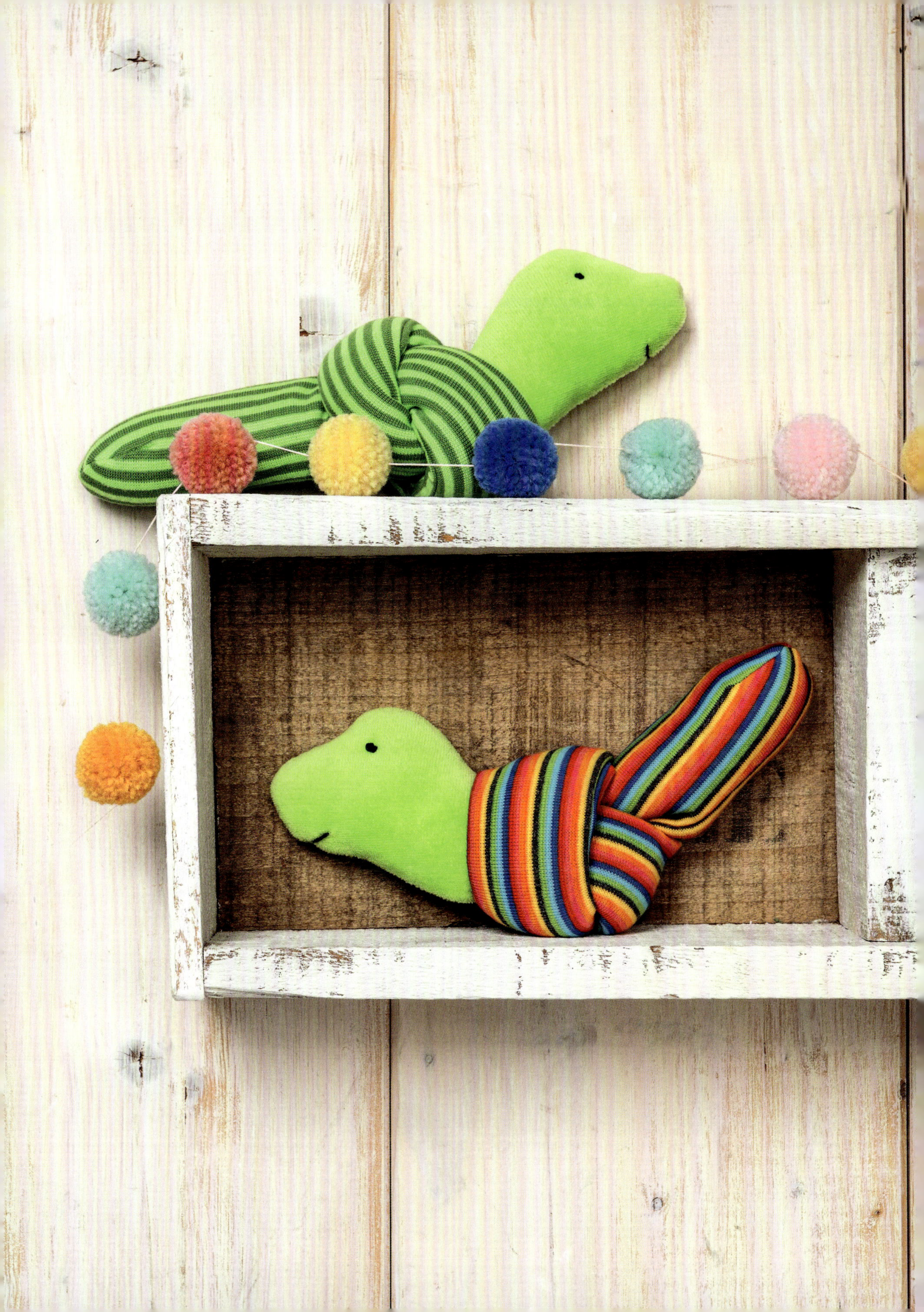

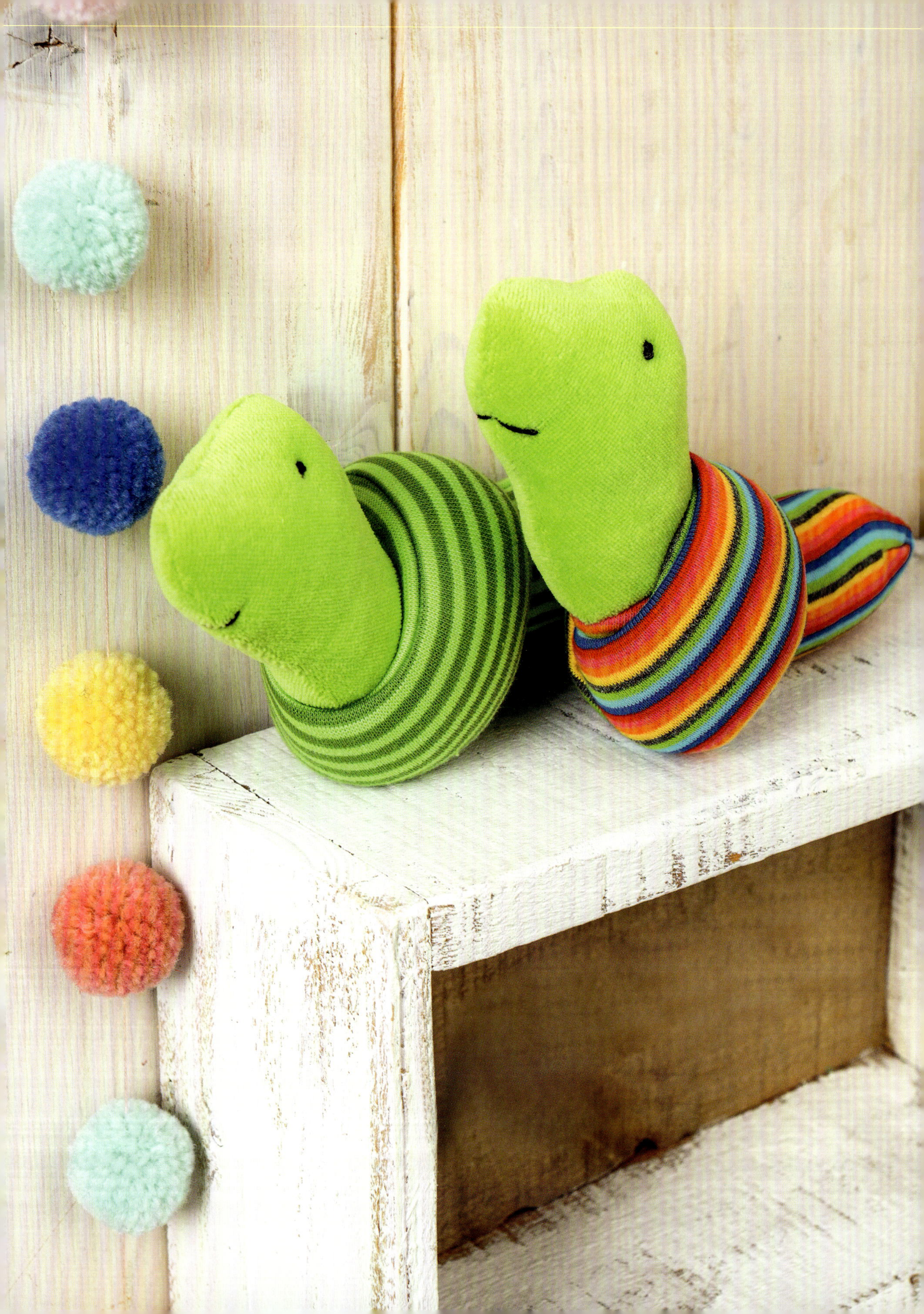

NÄHEN

1 Nähe je einen Kopf mit der geraden Kante rechts auf rechts an eine kurze Kante eines Körperstreifens. Achte darauf, dass du spiegelbildliche Würmchenhälften nähst.

2 Lege und stecke die Würmchenhälften rechts auf rechts – die Nähte sollten exakt aufeinandertreffen. Zeichne am Streifenende für die Schwanzspitze eine Rundung vor, nimm dafür z. B. eine größere Garnrolle zu Hilfe. Nähe die Teile zusammen, lass an der unteren Kante ca. 8 cm zum Wenden offen. Beschneide die Nahtzugaben (siehe Seite 8), wende das Würmchen und forme es aus.

3 Fülle das Würmchen mit Watte – stopfe den Kopf etwas satter, den Körper jedoch nicht zu fest. Schließe die Wendeöffnung (siehe 9).

4 Sticke mit ganzfädigem Sticktwist mit Knötchenstichen (drei Umwicklungen) die Augen und mit Spannstichen den Mund auf.

5 Lege am Körper, kurz hinter dem Kopf, einen lockeren Überhandknoten ein.

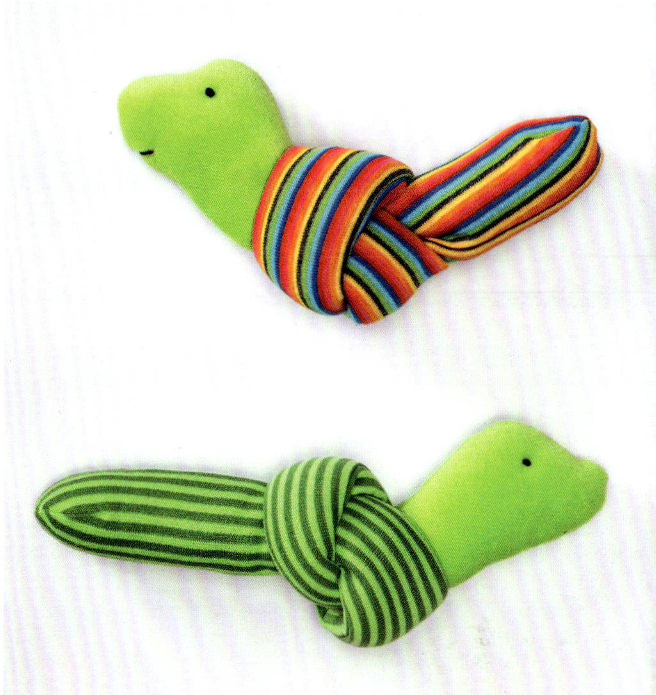

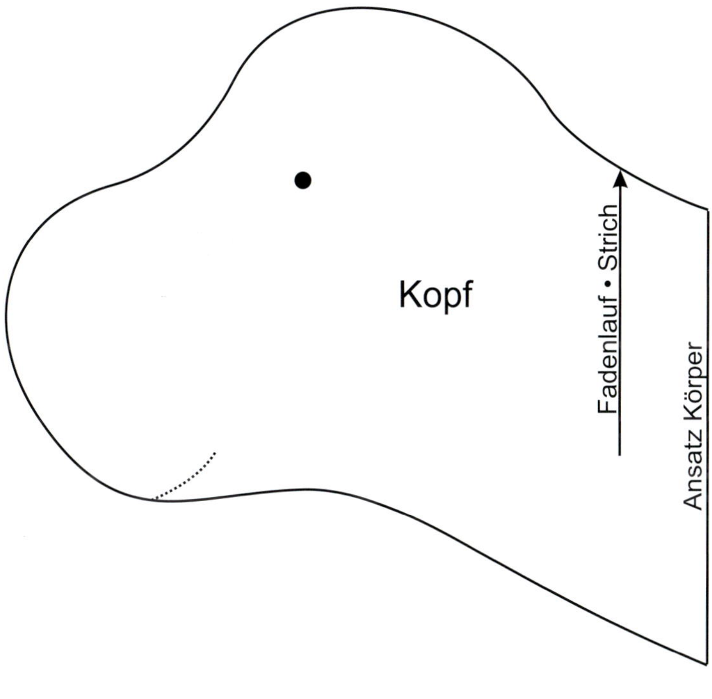

Schmuse-Hase

Fühlen, Knabbern und Kuscheln – mit Häschen Lotta geht das spielend.

GRÖSSE

30 x 45 cm (Breite x Höhe)

MATERIAL

- Nicki-Fleece in Helltürkis, 70 x 30 cm
- Musselin in Senfgelb, 40 x 25 cm
- Musselin in Helltürkis mit Regenbogenmotiv, 60 x 15 cm
- Vliesofix, 12 x 15 cm
- ausreißbares Stickvlies, 12 x 15 cm
- Nähgarn in passenden Farben
- Maschinenstickgarn in Helltürkis und Gelb
- Sticktwist in Gelb und Schwarz
- Füllwatte
- Pompon in Weiß, 3 cm Ø
- Gummiband 0,5 cm breit, ca. 22 cm

ZUSCHNEIDEN

Körper, Kopf und Ohren mit 1 cm Nahtzugabe zuschneiden. Pfoten und Halsband nach Maß schneiden. Applikation siehe Seite 9.

Nicki-Fleece in Helltürkis
1x Körper im Stoffbruch
2x Kopf
2x Ohr
2x Hinterpfote 8 x 14 cm

Musselin in Senfgelb
1x Körper im Stoffbruch
2x Ohr

Musselin in Helltürkis mit Regenbogenmotiv
1x Bauchfleck für Applikation
2x Vorderpfote 8 x 12 cm
1x Halsband 32 x 3 cm

VORLAGEN

siehe Seite 53

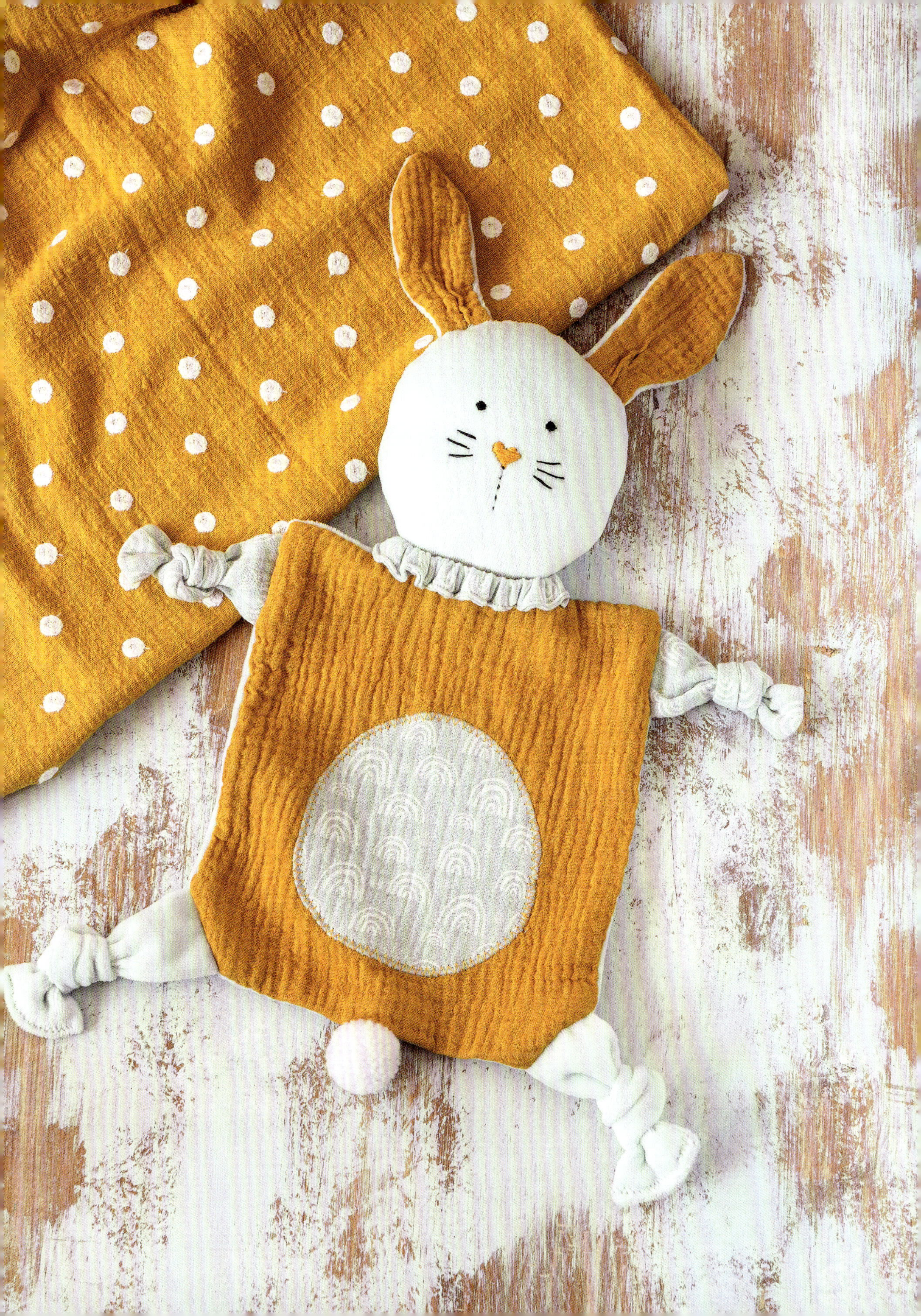

NÄHEN

1 Appliziere mit passendem Garn den Bauchfleck auf den Körper aus Musselin. Übersteppe die Applikationsnaht zusätzlich mit einem großen Zickzackstich in Gelb.

2 Stecke je ein Nicki- und ein Musselin-Ohr rechts auf rechts. Nähe die Teile mit kleinem Geradstich zusammen, lasse die Wendeöffnung frei. Beschneide die Nahtzugaben (siehe Seite 8), wende die Ohren und forme die Rundung schön aus. Lege an der unteren Ohrkante je eine kleine Falte ein und fixiere sie mit einigen Stichen.

3 Lege die Ohren laut Schnittmarkierung rechts auf rechts auf einen Kopf – mit der Wendeöffnung kantenbündig zum Kopf – und stecke die Lagen gut zusammen. Fixiere die Ohren innerhalb der Nahtzugabe.

4 Stecke den zweiten Kopf rechts auf rechts obenauf. Nähe – bis auf die Wendeöffnung – einmal ringsherum. Beschneide die Nahtzugaben, wende den Kopf und forme die Rundungen schön aus. Fülle den Kopf mit Füllwatte.

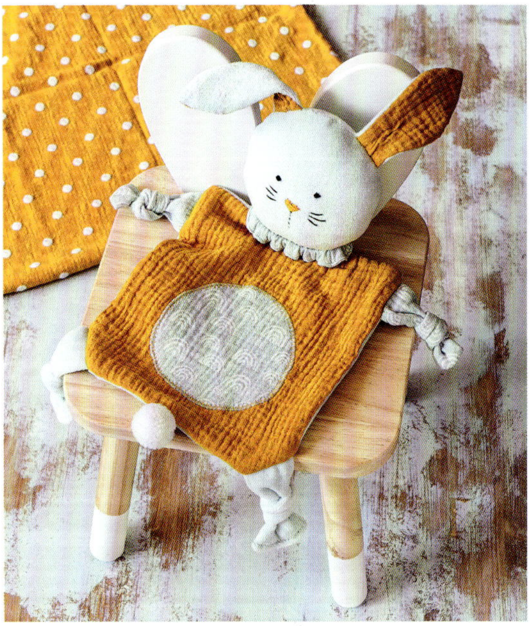

Hefte die Kanten der Wendeöffnung innerhalb der Nahtzugabe offenkantig links auf links.

5 Falte die Pfotenteile jeweils an den langen Kanten rechts auf rechts zur Hälfte und schließe die lange Kante sowie eine kurze Kante. Beschneide die Nahtzugaben (siehe Seite 8), wende die Pfoten und forme die Ecken schön aus.

6 Positioniere die Pfoten laut Schnittmarkierung rechts auf rechts auf dem Musselin-Körper – mit der Wendeöffnung kantenbündig zum Körperteil – und stecke sie fest. Hefte die Pfoten innerhalb der Nahtzugabe an. Stecke den Nicki-Körper rechts auf rechts obenauf und nähe – bis auf die Wendeöffnung – einmal ringsherum. Beschneide die Nahtzugaben, wende den Körper und forme die Kanten schön aus.

7 Schlage an der Wendeöffnung des Körpers die Nahtzugabe nach innen ein, schiebe den Kopf in die Öffnung und nähe ihn rundum von Hand gut fest.

8 Bügle am Halsbandstreifen die langen Kanten 1 cm nach links, dann den Streifen längs zur Hälfte. Falte alle Falze auf, schließe die kurzen Kanten rechts auf rechts. Lege die Falze ein, steppe die langen Kanten – bis auf eine kleine Öffnung – knappkantig zusammen. Gummiband einziehen, zusammennähen und die Öffnung schließen. Halsband über den Kopf ziehen.

9 Nähe den Pompon als Schwänzchen an. Lege an den Pfotenenden je einen Knoten.

10 Sticke mit dreifädigem Stickgarn in Gelb mit Plattstichen die Nase, in Schwarz mit Knötchenstichen die Augen, mit Vorstichen die Schnauze und mit Spannstichen die Schnurrhaare.

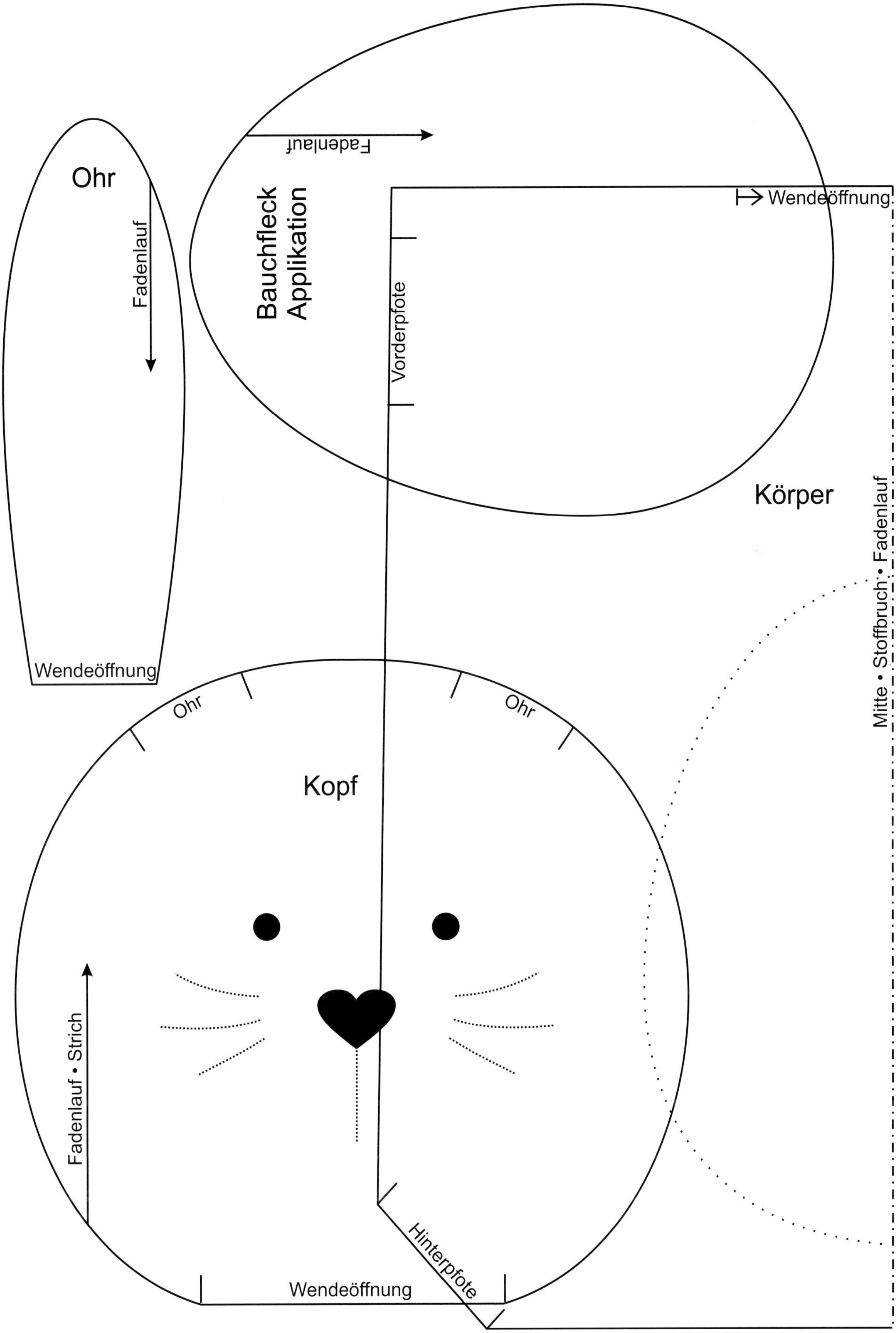
Ohr
Fadenlauf
Wendeöffnung
Fadenlauf
Bauchfleck Applikation
Wendeöffnung
Vorderpfote
Körper
Mitte • Stoffbruch • Fadenlauf
Ohr
Ohr
Kopf
Fadenlauf • Strich
Hinterpfote
Wendeöffnung

Schmuse-Bär

SCHWIERIGKEITSGRAD ✻✻✻

Mit großen Kulleraugen gewinnt der Bär alle Herzen für sich.

GRÖSSE

Kopf 15 x 15 cm (Breite x Höhe), Schmusetuch insgesamt 40 x 48 cm (Breite x Höhe)

MATERIAL

- Musselin in Weiß mit farbigen Punkten, 110 x 55 cm
- Musselin in Weiß mit farbigen Streifen, 110 x 55 cm
- Baumwollstoff in Beige, 40 x 20 cm
- Baumwollstoff in Schwarz, 5 x 5 cm
- Sicherheitsaugen, 12 mm Ø, 2 Stück
- Vliesofix, 5 x 5 cm
- ausreißbares Stickvlies, 5 x 5 cm
- wasserlösliches Stickvlies Solufix, 20 x 20 cm
- Nähgarn in passenden Farben
- Füllwatte

ZUSCHNEIDEN

Alle Schnitteile mit 1 cm Nahtzugabe zuschneiden. Applikation siehe Seite 9.

Musselin in Weiß mit farbigen Punkten
1x Tuch 60 x 50 cm
1x Halstuch

Musselin in Weiß mit farbigen Streifen
1x Tuch 60 x 50 cm
1x Halstuch

Baumwollstoff in Beige
2x Kopf

Baumwollstoff in Schwarz
1x Nase für Applikation

VORLAGEN

siehe Seite 57

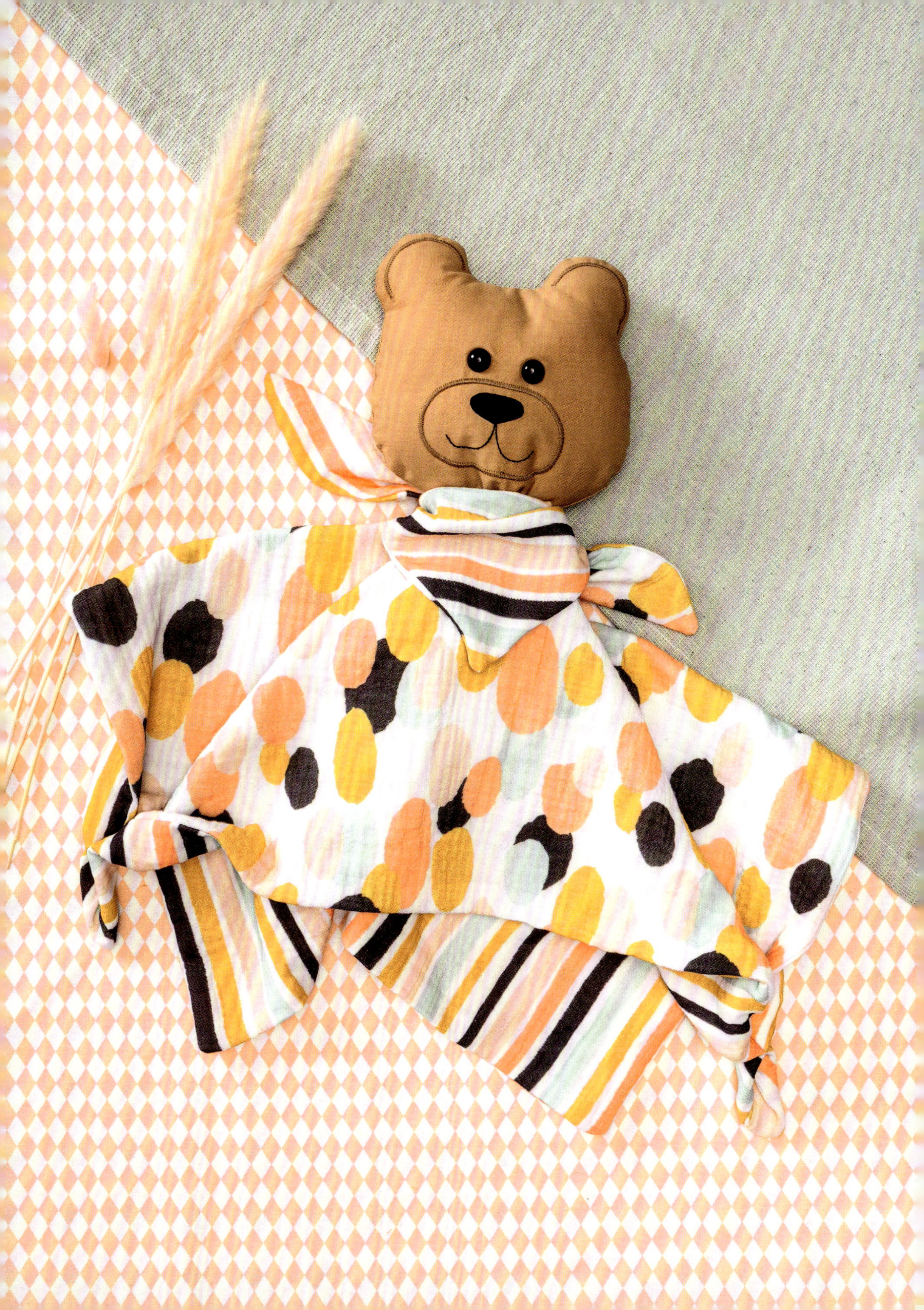

NÄHEN

1 Lege die beiden Tuchteile rechts auf rechts zusammen. Nähe mit kleinem Geradstich – bis auf die Wendeöffnung – einmal ringsherum. Wende und bügle das Tuch, verschließe die Wendeöffnung (siehe Seite 9). Falte eine der Tuchecken auf die Hälfte zusammen, markiere von der Spitze 3 cm und verbinde sie mit einem Geradstich. Fertige eine zweite Ecke ebenso.

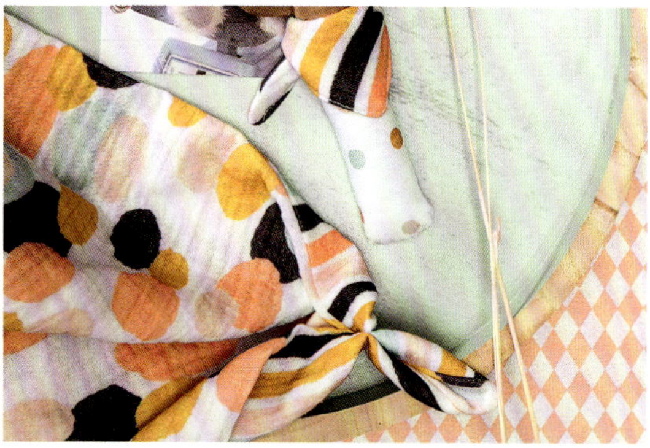

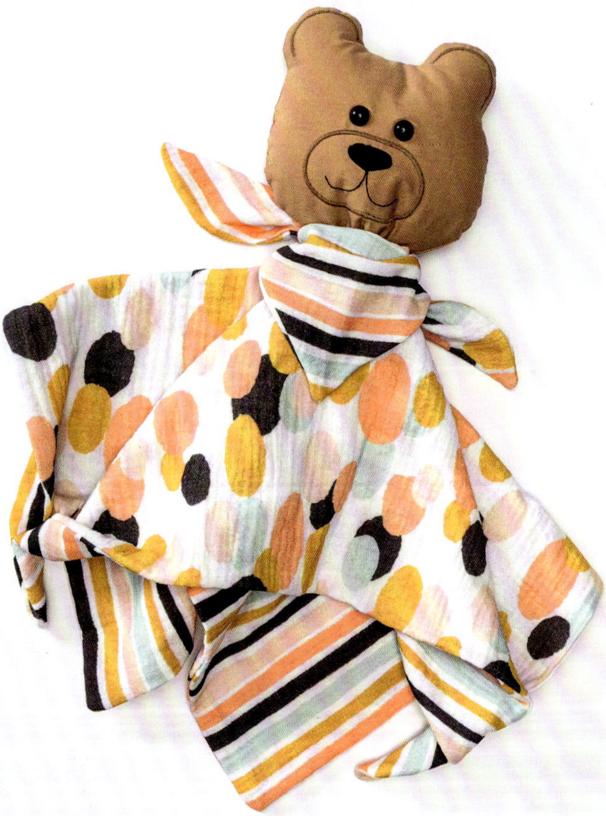

2 Übertrage das Gesicht auf die wasserlösliche Stickfolie, stecke diese auf den Kopf und nähe zuerst die Innenohren, die Schnauze sowie den Mund mit dichten Zickzackstichen nach. Stickfolie ausreißen, evtl. Rückstände mit Wasser auswaschen.

3 Appliziere nun die Nase auf den Kopf.

4 Befestige die Sicherheitsaugen.

5 Lege beide Kopfteile rechts auf rechts und stecke die Lagen gut zusammen. Nähe mit kleinem Geradstich – bis auf die Wendeöffnung – einmal ringsherum.

6 Beschneide die Nahtzugaben (siehe Seite 8), wende den Kopf und forme die Rundungen schön aus. Nimm zum Ausformen optional einen Ecken- und Kantenformer zu Hilfe.

7 Fülle den Kopf mit Füllwatte und nähe ihn von Hand an der Mitte des Tuches fest.

8 Lege die beiden Stoffteile des Halstuches rechts auf rechts und stecke die Lagen gut zusammen. Nähe mit kleinem Geradstich – bis auf die Wendeöffnung an einer Seite – einmal ringsherum. Beschneide die Nahtzugaben. Wende das Halstuch und forme die Spitzen schön aus. Verschließe die Wendeöffnung von Hand.

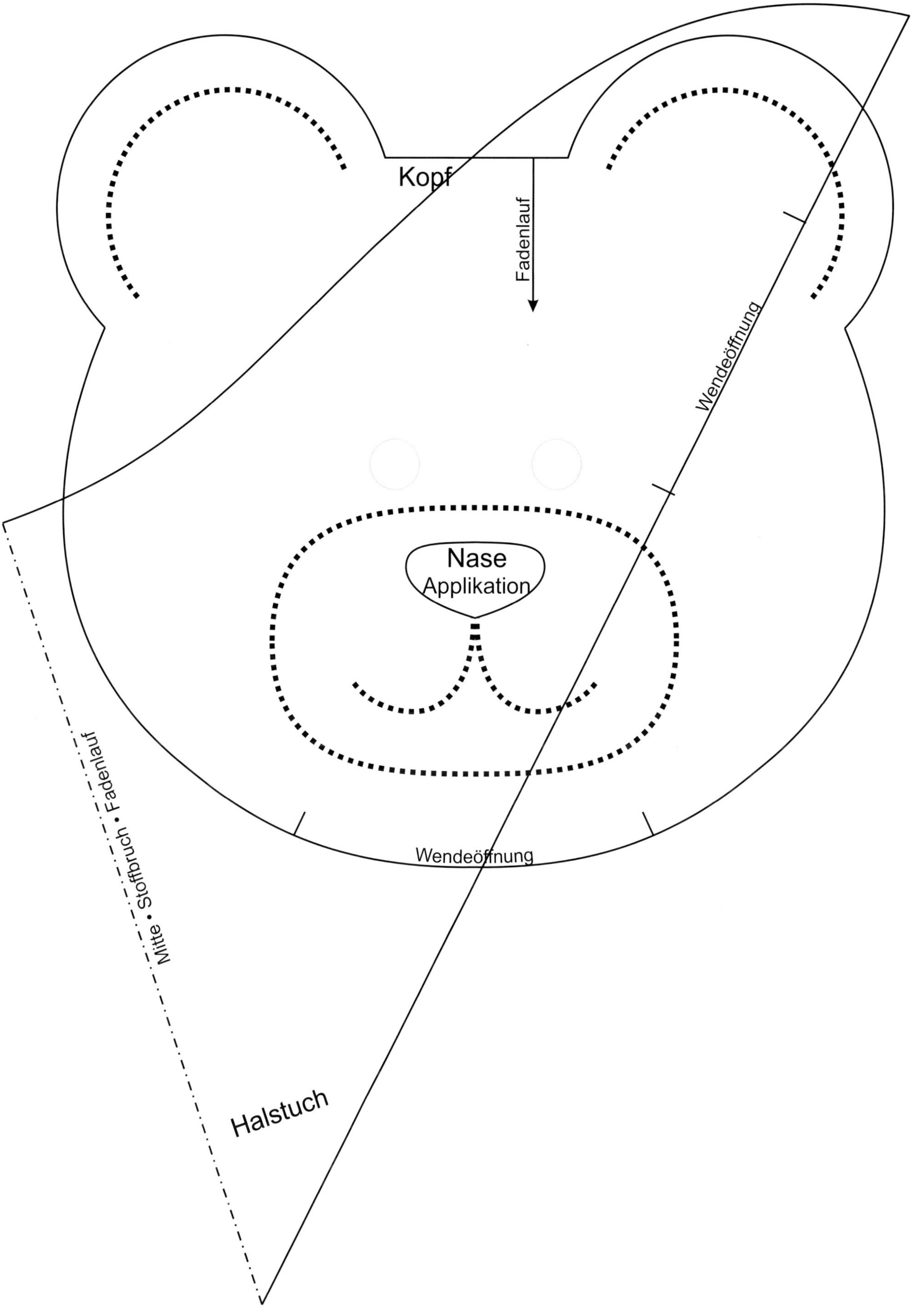
Kopf
Fadenlauf
Wendeöffnung
Nase
Applikation
Wendeöffnung
Mitte • Stoffbruch • Fadenlauf
Halstuch

SCHWIERIGKEITSGRAD ✻✻✻

Schmuse-Fuchs

Das weiche Füchslein lädt zum Schmusen ein.

GRÖSSE

35 x 44 cm (Breite x Höhe)

MATERIAL

- Frottee in Orange, 140 x 30 cm
- Frottee in Cremeweiß, 80 x 15 cm
- Vliesofix, 30 x 10 cm
- ausreißbares Stickvlies, 30 x 10 cm
- Nähgarn in passenden Farben
- Wolle in Schwarz für Pompon
- (optional) Pompon-Maker, 3 cm Ø
- Kunststoff-Druckknöpfe in Schwarz, 2 Stück
- Webband mit Fuchsmotiv, 8 cm

ZUSCHNEIDEN

Kopf, Körper, Ohren, Schwanz und Schwanzspitze mit 1 cm Nahtzugabe zuschneiden. Pfoten nach Maß zuschneiden. Applikationen siehe Seite 9; bei Bauch, Gesichtsweiß und Innenohren an den unteren bzw. äußeren Kanten jeweils 1 cm Nahtzugabe hinzugeben.

Frottee in Orange
2x Körper im Stoffbruch
2x Kopf im Stoffbruch
2x Ohr
2x Ohr, seitengespiegelt
2x Schwanz
4x Pfote 8 x 14 cm

Frottee in Cremeweiß
1x Bauchteil für Applikation
2x Gesichtsweiß für Applikation
2x Innenohr für Applikationen
2x Schwanzspitze
4x Pfotenspitze 8 x 12 cm

VORLAGEN

siehe Seite 61

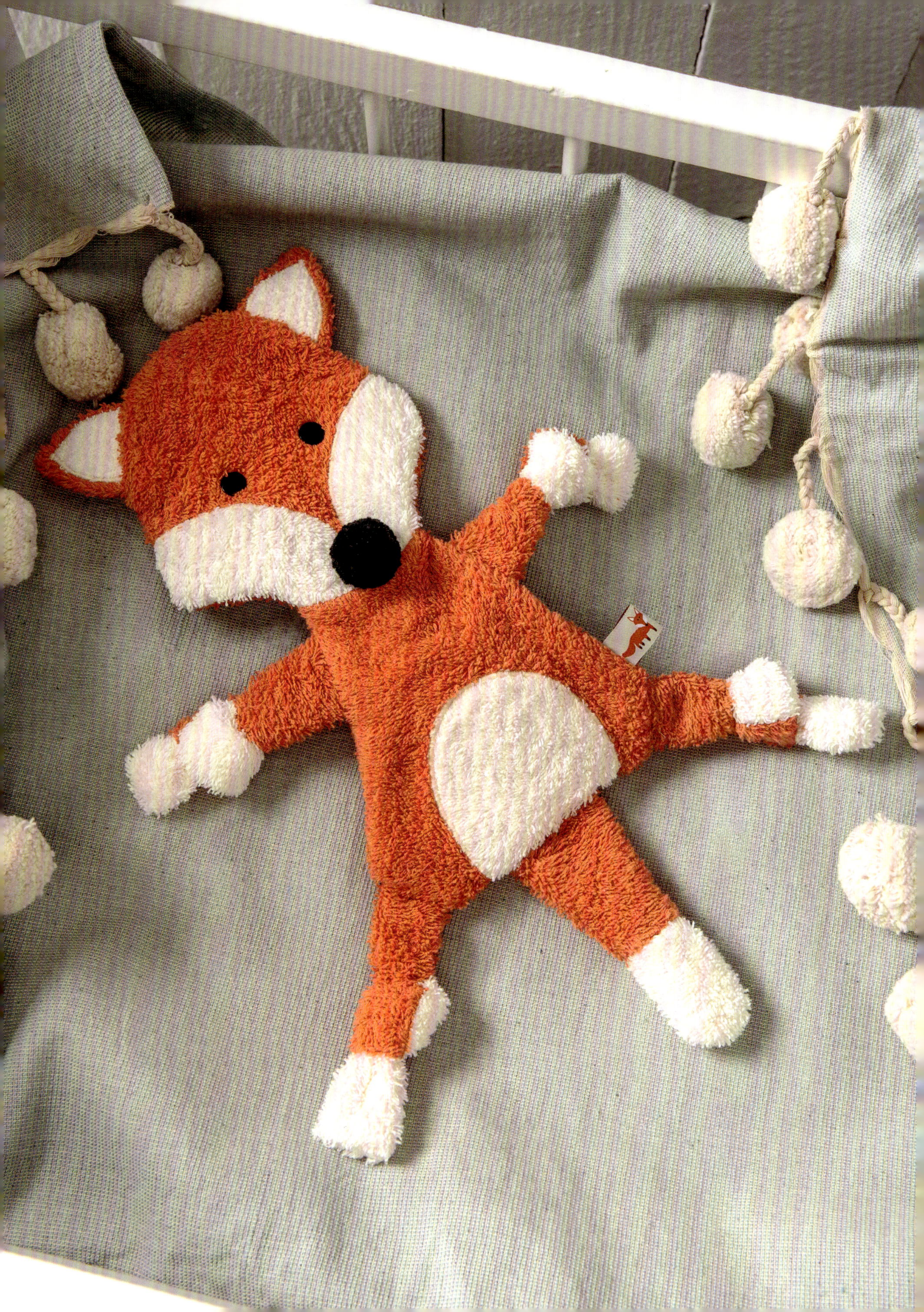

NÄHEN

1 Für die Applikationen bügle das Bauchteil auf einen Körper, die beiden Gesichtsweiß-Teile auf einen Kopf sowie die Innenohren auf ein Ohr und ein seitengespiegeltes Ohr. Appliziere jeweils die innen liegenden Kanten der Teile. Hefte die äußeren Kanten mit Geradstichen innerhalb der Nahtzugabe fest.

2 Lege je ein Ohr mit Innenohr und ein zweites Ohr paarweise rechts auf rechts und stecke sie zusammen. Nähe mit kleinem Geradstich die gerundeten Kanten, lasse die Wendeöffnung offen. Beschneide die Nahtzugaben (siehe Seite 8), wende die Ohren und forme die Spitzen schön aus.

3 Nähe die Kopfteile rechts auf rechts an die Körperteile.

4 Stanze bei der Kopfvorderseite die Druckknöpfe als Augen ein.

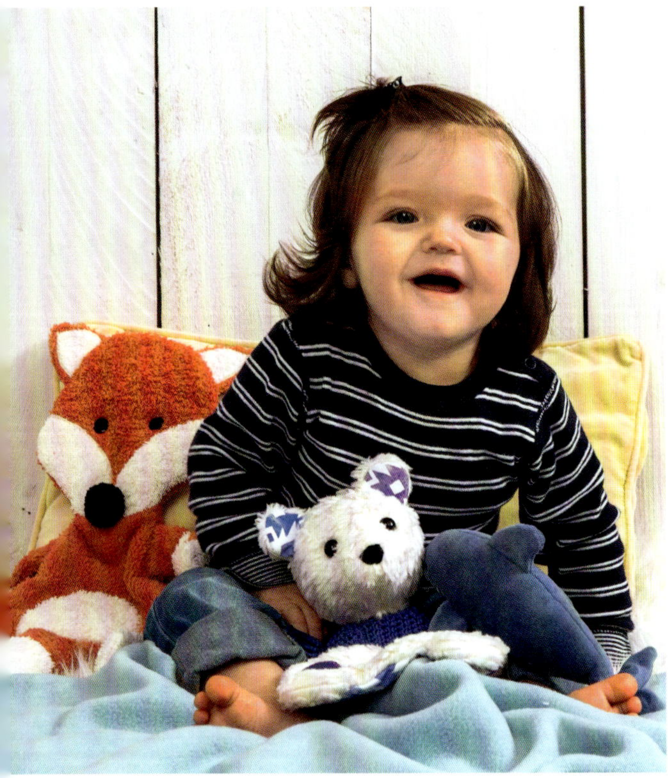

5 Lege die Ohren laut Schnittmarkierung rechts auf rechts auf die Kopfvorderseite – mit der Wendeöffnung kantenbündig zum Kopfteil, Innenohr zeigt zum Kopf – und stecke die Lagen gut zusammen. Hefte die Ohren an.

6 Nähe die Pfotenspitzen – mit der 8 cm langen Kante – rechts auf rechts an die Pfoten. Bügle die Nahtzugaben auseinander. Lege die Streifen an den langen Kanten rechts auf rechts zur Hälfte und schließe die lange Kante sowie eine kurze Kante. Beschneide die Nahtzugaben, wende die Pfoten und forme die Ecken schön aus.

7 Nähe die Schwanzspitzen an die Schwanzteile. Bügle die Nahtzugaben auseinander. Lege die Schwanzteile rechts auf rechts aufeinander und stecke sie zusammen. Nähe die gerundeten Kanten, lasse die Wendeöffnung offen. Beschneide die Nahtzugaben, wende den Schwanz und forme die Rundung schön aus.

8 Fixiere Pfoten und Schwanz an der Fuchs-Vorderseite, siehe Punkt 5. Falte das Webband zur Hälfte und fixiere es an einer seitlichen Kante des Körpers.

9 Lege das zweite Fuchsteil rechts auf rechts und stecke die Lagen gut zusammen. Nähe – bis auf die Wendeöffnung – einmal ringsherum. Beschneide die Nahtzugaben, wende den Fuchs und forme Rundungen und Kanten schön aus. Schließe die Wendeöffnung (siehe Seite 9).

10 Fertige aus der Wolle einen Pompon mit 3 cm Ø. Nähe ihn von Hand als Nase an den Kopf.

11 Lege an den Pfotenenden je einen Überhandknoten ein.

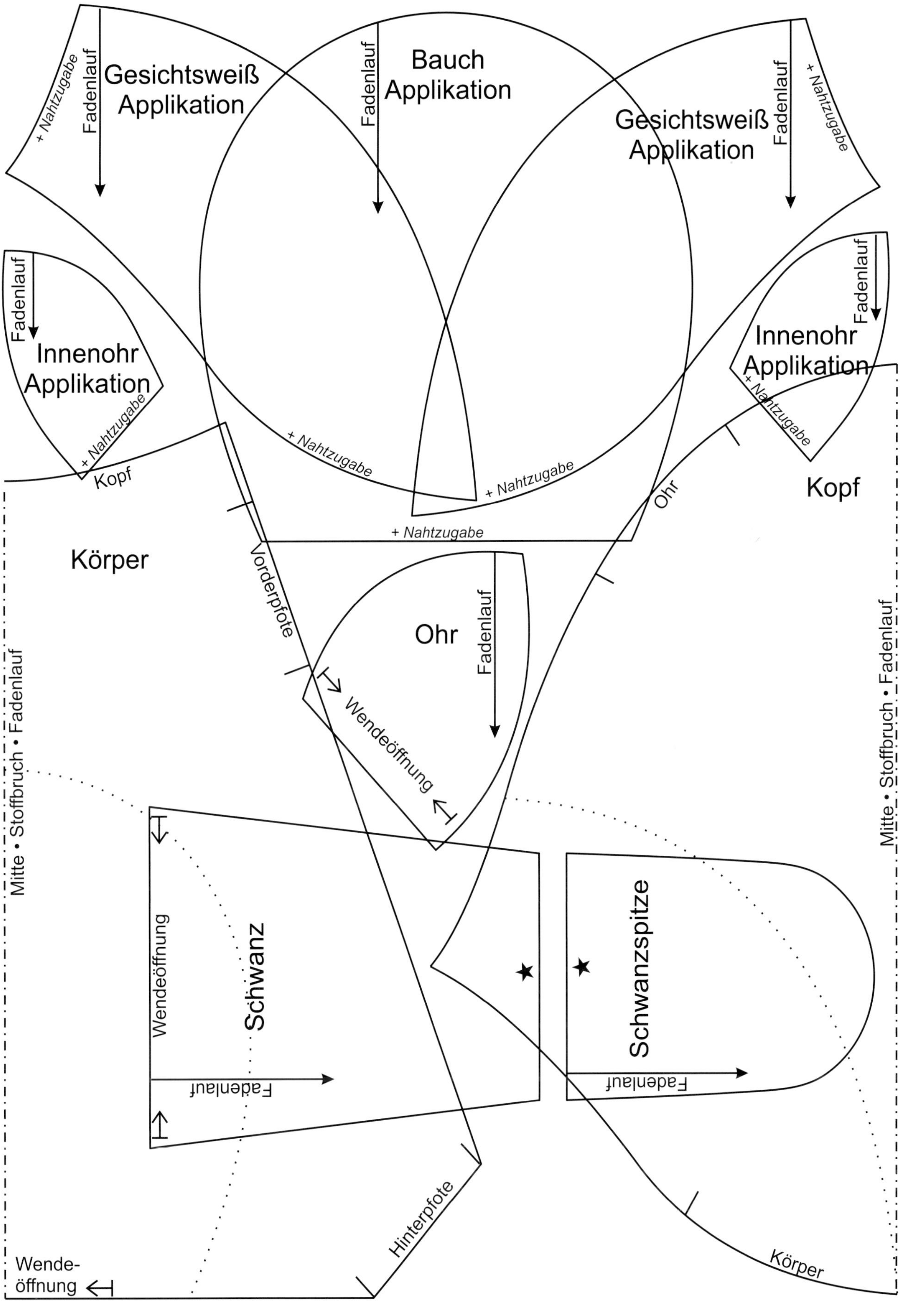

Gesichtsweiß Applikation
Fadenlauf
+ Nahtzugabe
Bauch Applikation
Fadenlauf
+ Nahtzugabe
Gesichtsweiß Applikation
Fadenlauf
+ Nahtzugabe
Innenohr Applikation
Fadenlauf
+ Nahtzugabe
Innenohr Applikation
Fadenlauf
+ Nahtzugabe
+ Nahtzugabe
Kopf
Kopf
Ohr
Körper
Vorderpfote
Ohr
Fadenlauf
Wendeöffnung
Mitte • Stoffbruch • Fadenlauf
Mitte • Stoffbruch • Fadenlauf
Schwanz
Wendeöffnung
Fadenlauf
Schwanzspitze
Fadenlauf
Hinterpfote
Körper
Wende-
öffnung

Schmuse-Elefant

Jonte, der Elefant, geht mit durch dick und dünn.

GRÖSSE

23 x 20 cm (Breite x Höhe)

MATERIAL

- Jersey in Weiß mit blauen Streifen und roten Herzen, 40 x 25 cm
- Frottee in Graublau, 40 x 25 cm
- Vliesofix, 12 x 10 cm
- ausreißbares Stickvlies, 15 x 12 cm
- wasserlösliches Stickvlies Solufix, 10 x 10 cm
- Nähgarn in passenden Farben

ZUSCHNEIDEN

Körper und Schwanz mit 1 cm Nahtzugabe zuschneiden, beim Körper den Rüssel und die Füße laut Vorlagenangabe verlängern. Applikation siehe Seite 9.

Jersey in Weiß mit blauen Streifen und roten Herzen

1x Körper (Rüssel und Füße laut Vorlagenangabe verlängern)
1x Schwanz

Frottee in Graublau

1x Körper, seitengespiegelt (Rüssel und Füße laut Vorlagenangabe verlängern)
1x Ohr für Applikation

VORLAGEN

siehe Seite 65

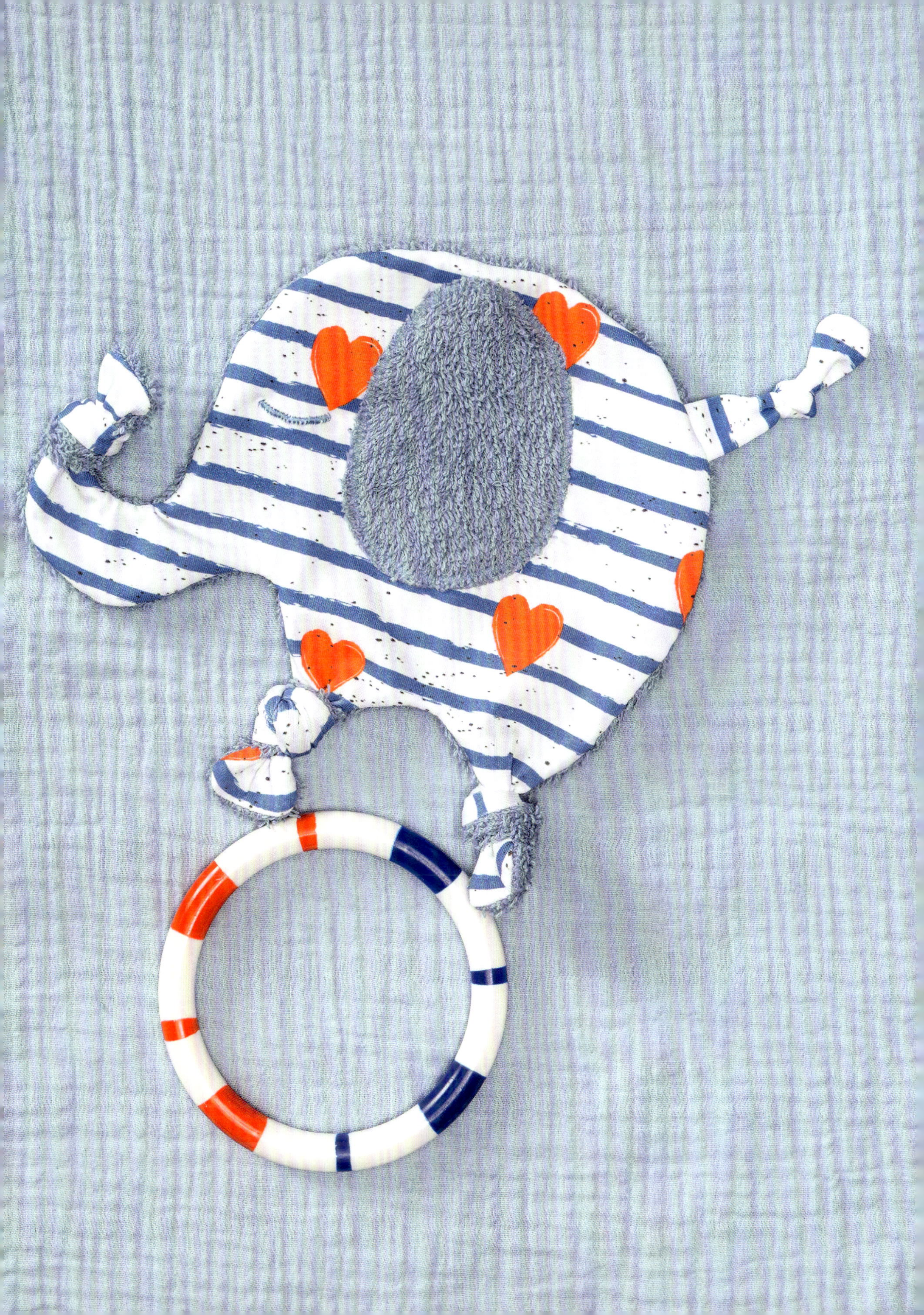

NÄHEN

1 Appliziere das Ohr auf den Jersey-Körper (siehe Seite 9).

2 Übertrage das Auge mittig auf die wasserlösliche Stickfolie, stecke sie auf den Jersey-Körper und nähe das Auge mit dichten Zickzackstichen nach. Stickfolie ausreißen, evtl. Rückstände mit Wasser auswaschen.

3 Lege den Streifen für den Schwanz an den langen Kanten rechts auf rechts zur Hälfte und nähe die langen Kanten sowie eine kurze Kante zusammen. Beschneide die Nahtzugaben (siehe Seite 8) und wende den Streifen. Forme die Ecken schön aus, nimm zum Ausformen optional einen Ecken- und Kantenformer zu Hilfe.

4 Lege den Schwanz laut Schnittmarkierung rechts auf rechts auf den Jersey-Körper – mit der Wendeöffnung kantenbündig zum Körperteil – und stecke die Lagen gut zusammen. Fixiere den Schwanz innerhalb der Nahtzugabe mit kleinem Geradstich.

5 Lege den Frottee-Körper rechts auf rechts obenauf und stecke die Lagen gut zusammen. Nähe mit kleinem Geradstich – bis auf die Wendeöffnung – einmal ringsherum. Beschneide die Nahtzugaben, wende den Körper und forme Rundungen und Ecken schön aus.

6 Verschließe die Wendeöffnung von Hand (siehe Seite 9). Lege am Ende des Rüssels, des Schwanzes sowie an den Fußenden je einen Überhandknoten ein.

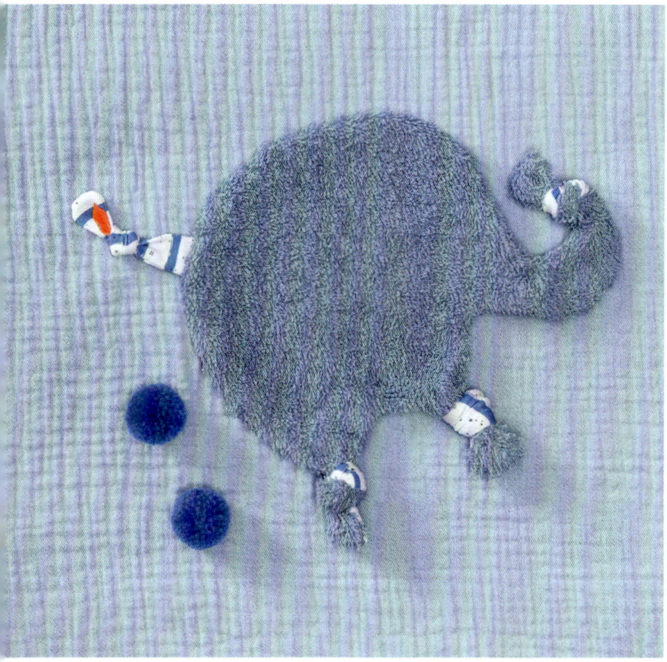

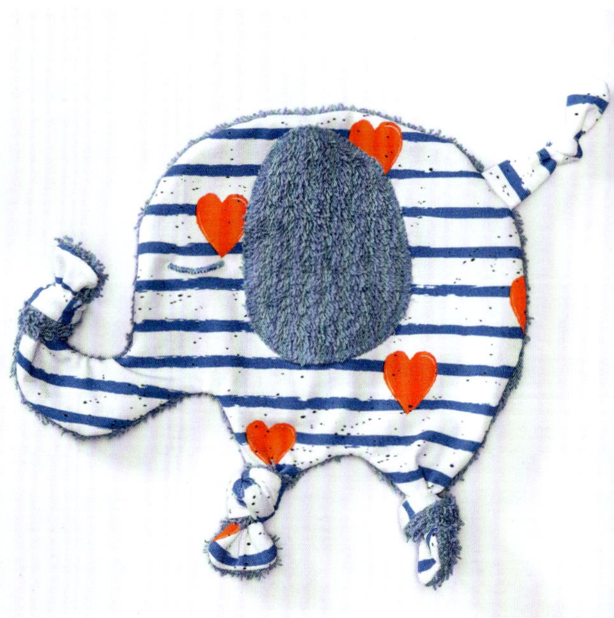

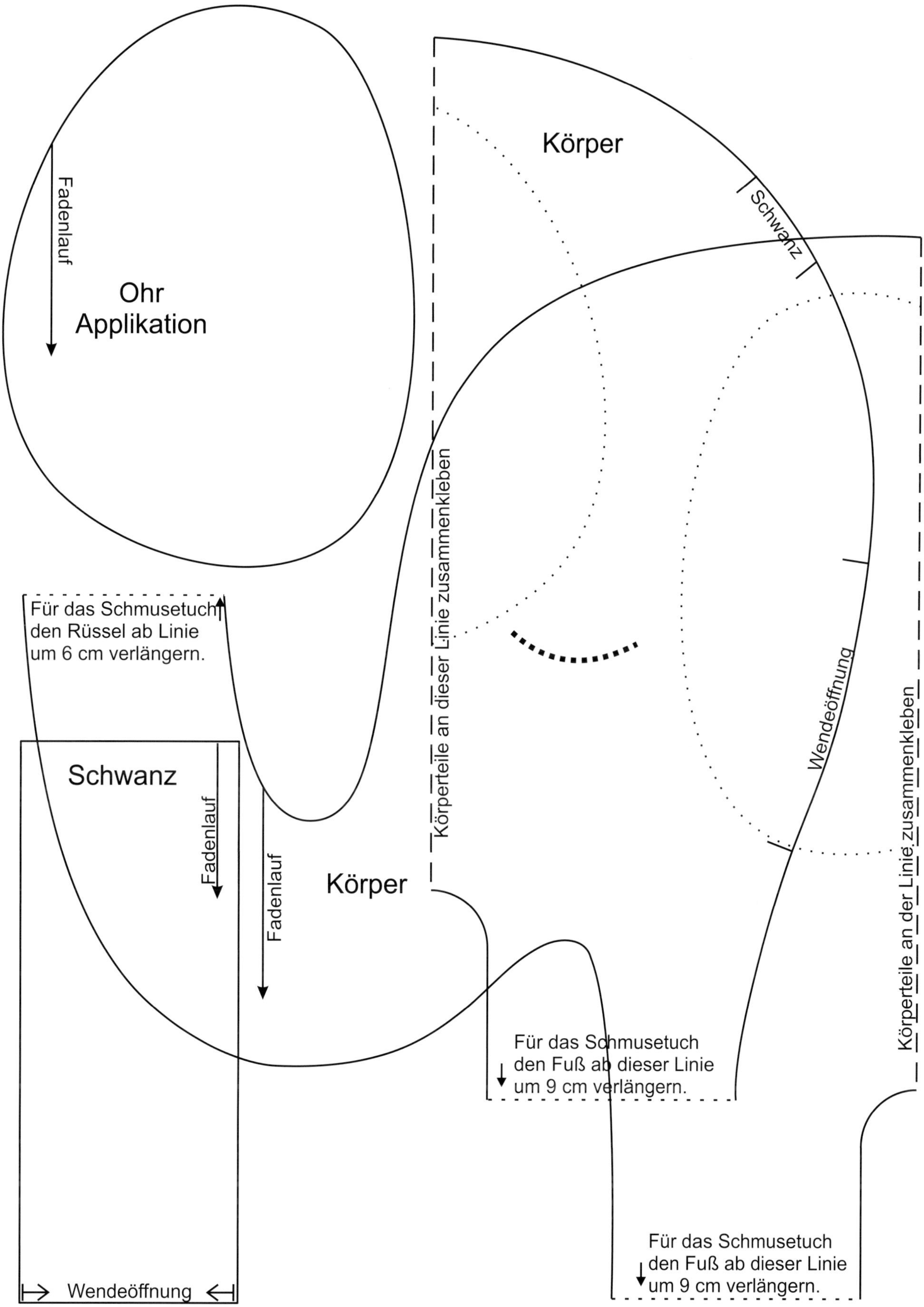

Körper
Schwanz
Ohr
Applikation
Fadenlauf
Körperteile an dieser Linie zusammenkleben
Wendeöffnung
Körperteile an der Linie zusammenkleben
Für das Schmusetuch
den Rüssel ab Linie
um 6 cm verlängern.
Schwanz
Fadenlauf
Fadenlauf
Körper
Für das Schmusetuch
den Fuß ab dieser Linie
um 9 cm verlängern.
Für das Schmusetuch
den Fuß ab dieser Linie
um 9 cm verlängern.
Wendeöffnung

Schmuse-Schlafinchen

Eine kleine Schmuse-Freundin fürs Mittagsschläfchen.

GRÖSSE

22 x 25 cm (Breite x Höhe)

MATERIAL

- Musselin in Hellblau mit weißen Pünktchen, 90 x 20 cm
- Jersey in Orangerot, 90 x 20 cm
- Nicki-Stoff in Natur, 20 x 12 cm
- Klöppelspitze in Hellgrau, 25 mm breit, 100 cm
- Nähgarn in passenden Farben
- Sticktwist in Rosa und Braun
- Füllwatte

ZUSCHNEIDEN

Alle Teile mit 1 cm Nahtzugabe zuschneiden.

Musselin in Hellblau mit weißen Pünktchen
1x Kleid im Stoffbruch
2x Kopftuch

Jersey in Orangerot
1x Kleid im Stoffbruch

Nicki-Stoff in Natur
2x Kopf

VORLAGEN

siehe Seite 69

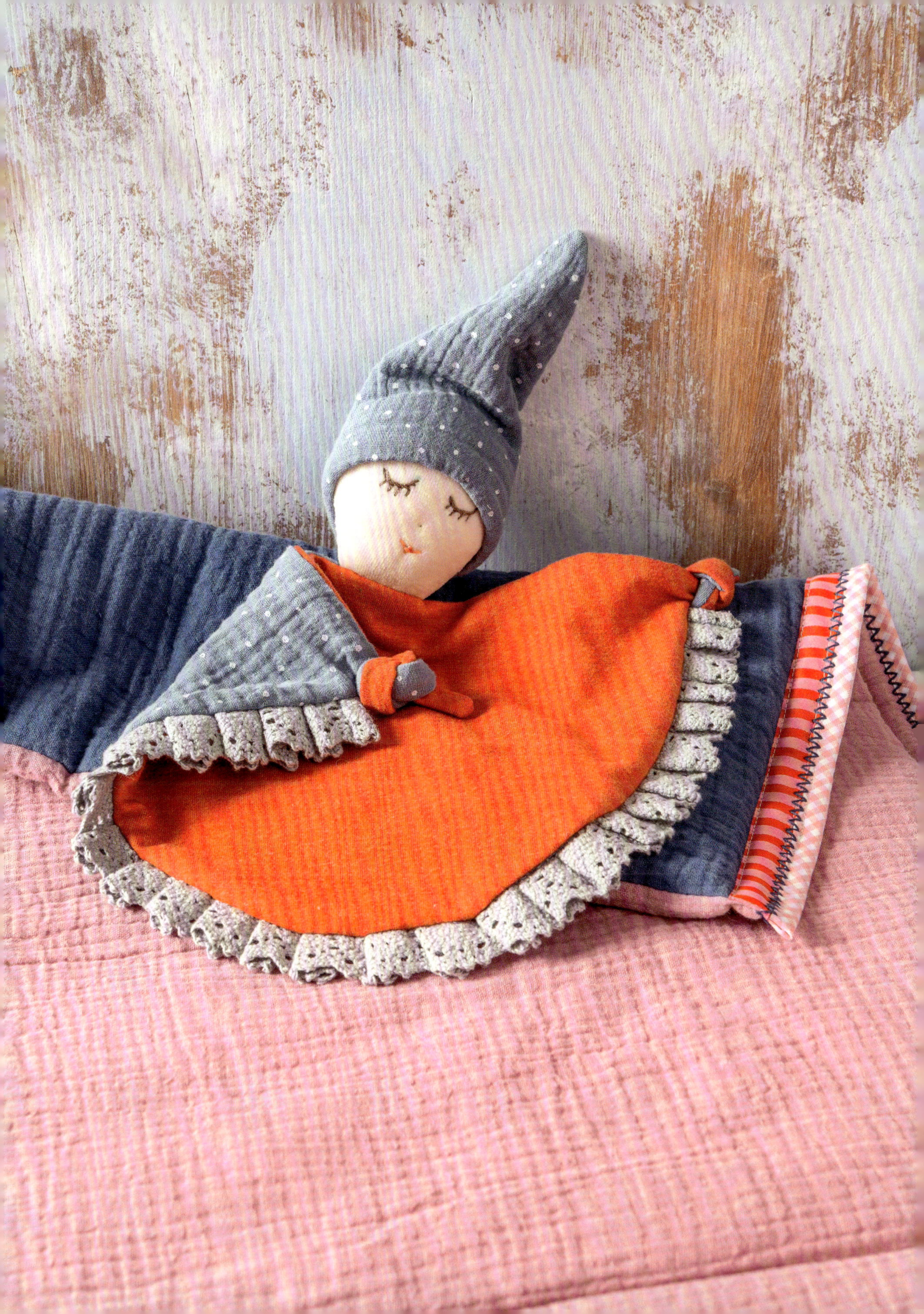

NÄHEN

1 Lege die Kopfteile rechts auf rechts und stecke sie zusammen. Nähe die Teile – bis auf die Wendeöffnung – mit kleinen Geradstichen zusammen.

2 Wende den Kopf auf rechts und fülle ihn satt mit Watte. Hefte die Kanten der Wendeöffnung offenkantig links auf links.

3 Schlage an der Klöppelspitze eine kurze Kante zweimal 5 mm breit ein und fixiere den Umschlag mit einigen Handstichen. Lege dann die Spitze an der langen, geraden Kante fortlaufend in 1 cm tiefe Falten, bis eine Gesamtlänge von 40 cm ab Umschlag erreicht ist und hefte die Falten. Gib 1 cm hinzu und schneide die restliche Spitze ab. Nähe auch die 2. kurze Kante wie zuvor beschrieben um.

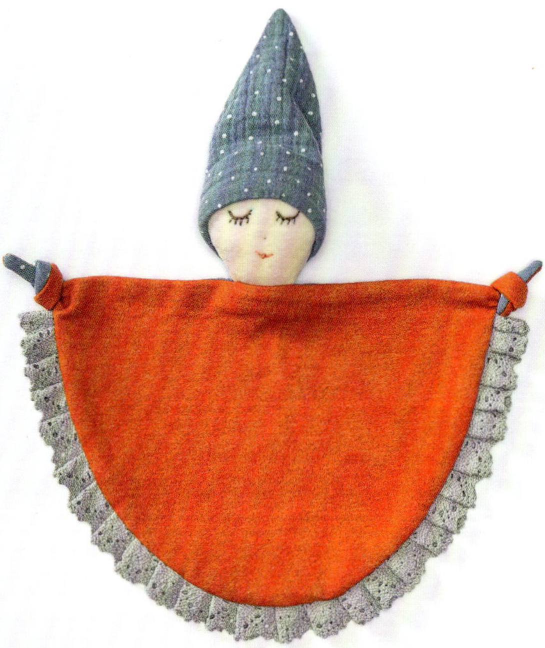

4 Stecke und hefte die Spitze an der gerundeten Kante laut Schnittmarkierung auf die rechte Seite des hellblauen Kleides – die gebogene Spitzenkante zeigt in das Kleid. Lege das orangerote Kleid rechts auf rechts obenauf, stecke und nähe die Teile – bis auf die Wendeöffnung an einer Seite sowie die Kopföffnung – zusammen.

5 Beschneide die Nahtzugaben (siehe Seite 8), wende das Kleid und forme die Rundungen schön aus. Nimm zum Ausformen der Ärmel optional einen Ecken- und Kantenformer zu Hilfe. Lege an den Ärmelenden je einen Überhandknoten ein.

6 Schlage an der Kopföffnung die Nahtzugaben nach innen. Stecke den Kopf ein und nähe das Kleid rundum von Hand an den Kopf.

7 Stecke und nähe die Kopftuchteile rechts auf rechts zusammen, lass die Wendeöffnung frei. Beschneide die Nahtzugaben und wende das Kopftuch. Forme die Spitzen schön aus. Lege das Kopftuch um den Kopf, die seitlichen Spitzen treffen sich am Hinterkopf unten. Nähe die Kopftuchkante mit unsichtbaren Handstichen fest.

8 Sticke mit dreifädigem Sticktwist in Rosa mit Vorstichen und einem Knötchenstich (zwei Umwicklungen) den Mund; in Braun mit Spann- und Stielstichen Augen und Nase.

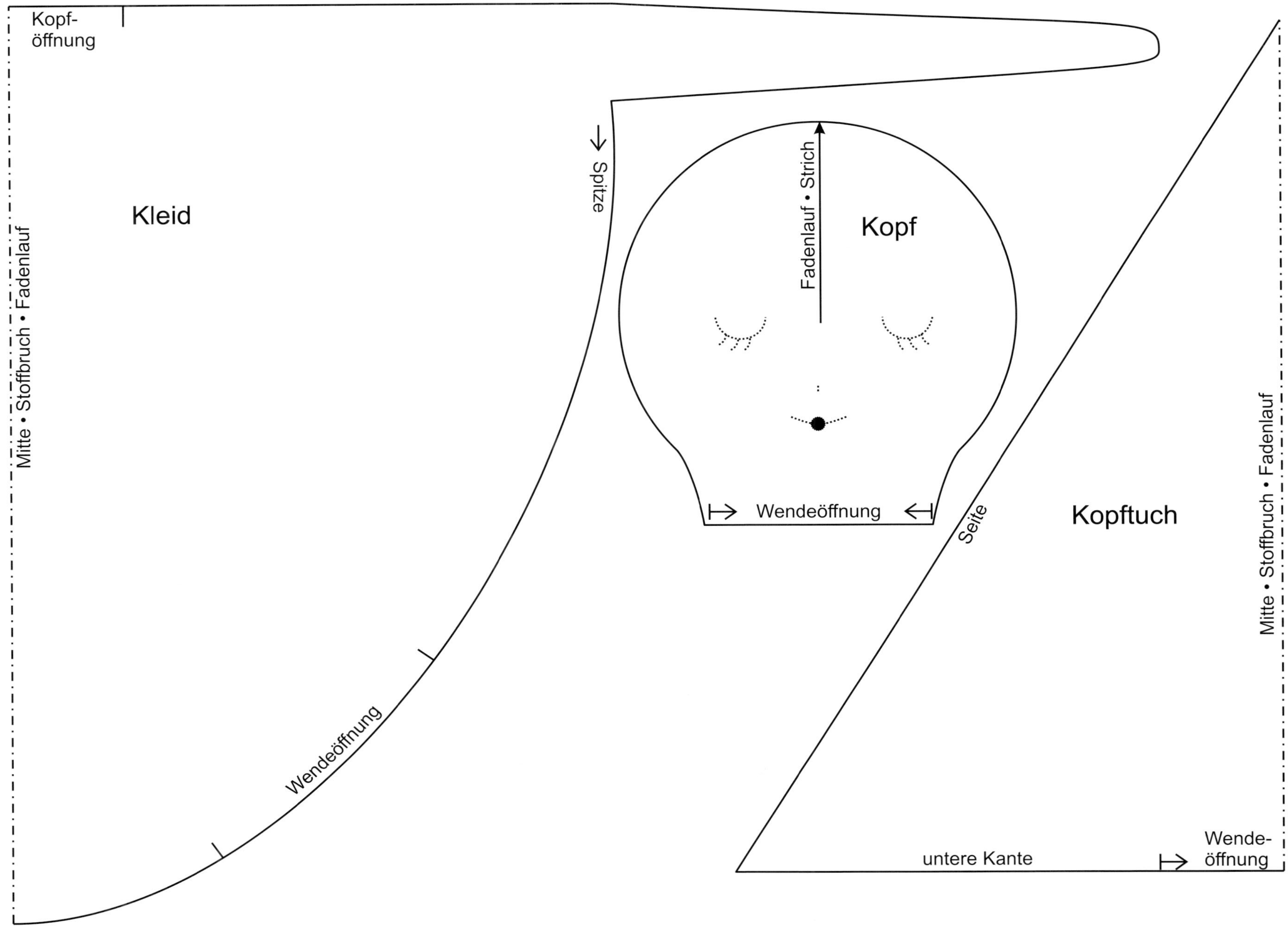
Kopf-
öffnung
Kleid
Mitte • Stoffbruch • Fadenlauf
Spitze
Wendeöffnung
Kopf
Fadenlauf • Strich
Wendeöffnung
Kopftuch
Seite
Mitte • Stoffbruch • Fadenlauf
untere Kante
Wende-
öffnung

Schnuller-Bär

Bärchen „Knopfnase" hat den Schnulli immer fest im Griff!

GRÖSSE

26 cm inkl. Clip, Bärenkopf 5 x 5 cm

MATERIAL

- Baumwollstoff in Weiß mit farbigen Punkten, 30 x 5 cm
- Baumwollstoff in Beige mit weißen Punkten, 55 x 5 cm
- Baumwollstoff in Beige, 20 x 10 cm
- Sicherheitsauge, 10 mm Ø
- wasserlösliches Stickvlies Solufix, 10 x 10 cm
- Hosenträger Clip „Herz"
- Kam Snap (Kunststoff-Druckknopf) in Weiß & passendes Werkzeug
- Nähgarn in passenden Farben
- Füllwatte

ZUSCHNEIDEN

Kopf mit 1 cm Nahtzugabe zuschneiden.
Bänder laut Maß zuschneiden.

Baumwollstoff in Weiß mit farbigen Punkten
2x Band-Vorderseite 12 x 3 cm

Baumwollstoff in Beige mit weißen Punkten
1x Band-Rückseite 30 x 3 cm
1x Band-Vorderseite 12 x 3 cm

Baumwollstoff in Beige
2x Kopf

VORLAGE

siehe Seite 73

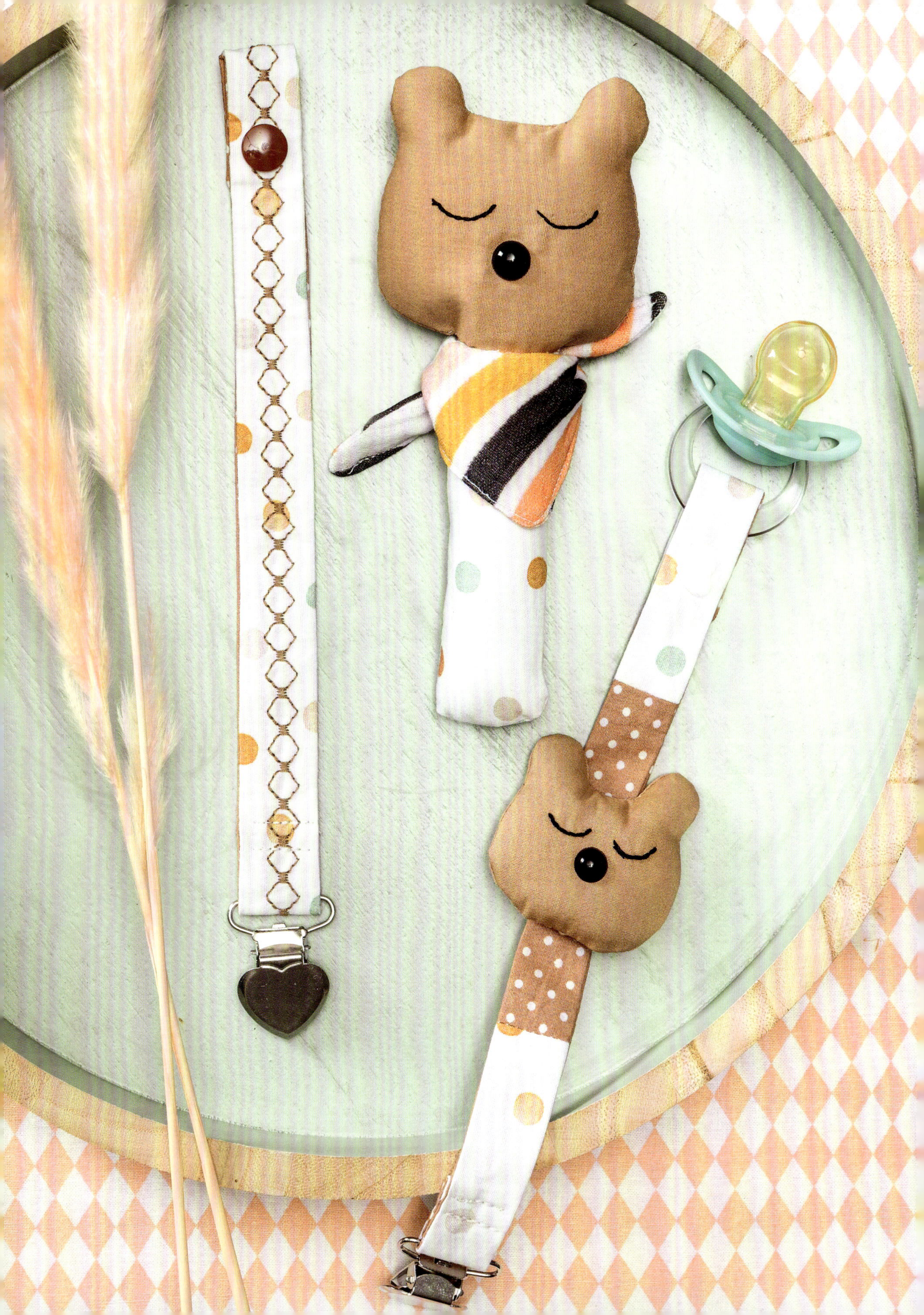

NÄHEN

1 Nähe die drei Bandteile für die Vorderseite (Reihenfolge: Weiß mit farbigen Punkten, Beige mit weißen Punkten, Weiß mit farbigen Punkten) jeweils an den kurzen Kanten rechts auf rechts zusammen. Bügle die Nahtzugaben auseinander.

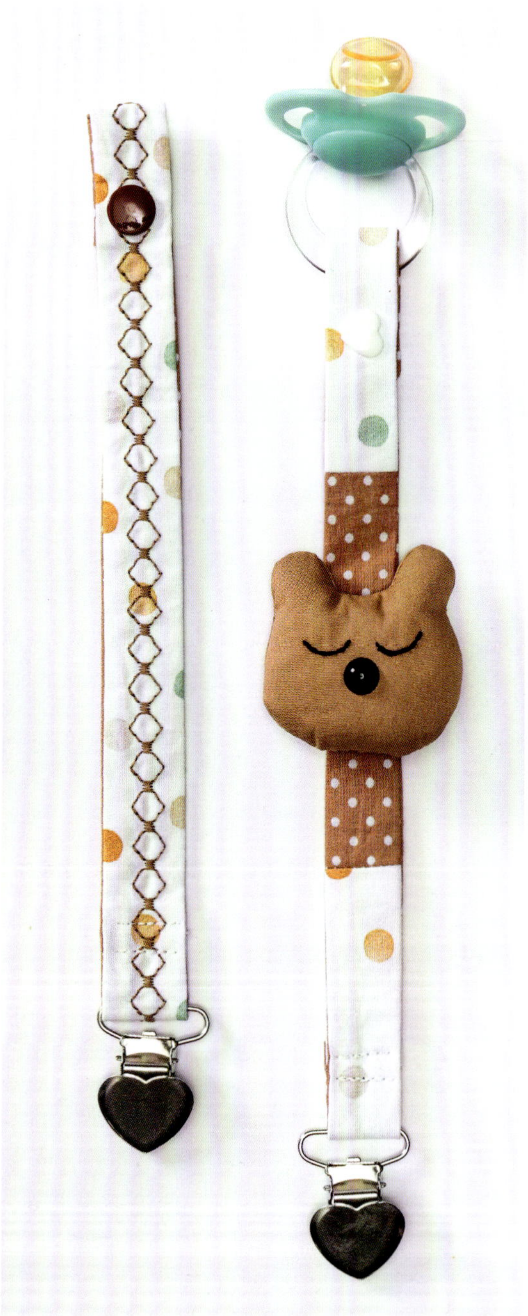

2 Lege Band-Vorder- und -Rückseite rechts auf rechts und nähe mit kleinem Geradstich – bis auf die Wendeöffnung an einer kurzen Kante – einmal ringsherum. Beschneide die Nahtzugaben (siehe Seite 8), wende das Band und forme die Ecken schön aus. Nimm zum Ausformen optional einen Ecken- und Kantenformer zu Hilfe. Bügle das Band im Nahtbruch flach.

3 Übertrage die Augen auf die wasserlösliche Stickfolie, stecke diese auf ein Kopfteil und nähe die Augen mit Dreifach-Geradstich nach. Stickfolie ausreißen, evtl. Rückstände mit Wasser auswaschen.

4 Befestige das Sicherheitsauge als Nase.

5 Lege beide Kopfteile rechts auf rechts und stecke die Lagen gut zusammen. Nähe mit kleinem Geradstich – bis auf die Wendeöffnung – einmal ringsherum. Beschneide die Nahtzugabe wende den Kopf und forme die Rundungen schön aus. Verschließe die Wendeöffnung von Hand (siehe Seite 9).

6 Klappe die geschlossene kurze Kante des Bandes 3 cm um und befestige den Druckknopf an der Schlaufe.

7 Messe ab Bruchkante 25,5 cm und schneide den Rest des Bandes ab. Klappe die offene Kante erst 0,5 cm und dann 3 cm um, lege den Clip ein und verschließe den Umschlag fest mit zwei Nähten (3-fach-Geradstich).

Beachte: Die Schnullerkette darf eine Länge von 22 cm nicht überschreiten, da sonst Strangulationsgefahr besteht.

8 Nähe den Bärenkopf auf der Schnullerkette gut fest, achte darauf, dass der Bär sich nicht lösen kann (Verschluckungsgefahr).

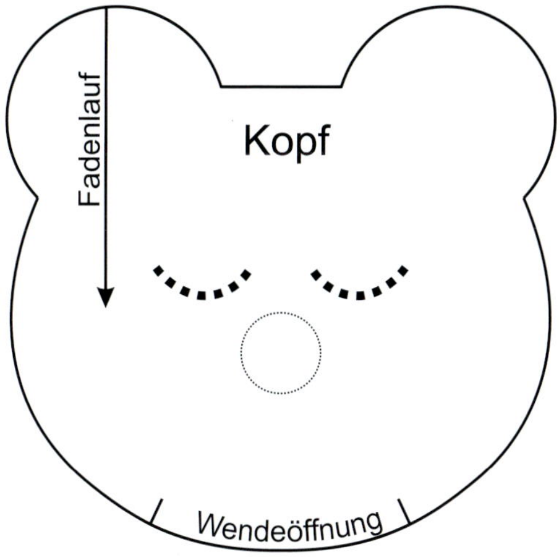

SCHWIERIGKEITSGRAD ❋

Schnullerkette mit Zierstich

… schnell noch ein hübsches Band für den Ersatz-Schnulli!

GRÖSSE

26 cm inkl. Clip

MATERIAL

- Baumwollstoff in Weiß mit farbigen Punkten, 32 x 5 cm
- Baumwollstoff in Beige mit weißen Punkten, 30 x 5 cm
- Hosenträger Clip „Herz"
- Kam Snap (Kunststoff-Druckknopf) in Braun & passendes Werkzeug
- Nähgarn in passenden Farben

ZUSCHNEIDEN

Baumwollstoff in Weiß mit farbigen Punkten
1x Band-Vorderseite 30 x 3 cm

Baumwollstoff in Beige mit weißen Punkten
1x Band-Rückseite 30 x 3 cm

NÄHEN

1 Nähe mit einem Zierstich ein Muster auf die Bandvorderseite.

2 Stelle die Schnullerkette, wie unter Punkt 2, 6 und 7 auf Seite 72 beschrieben, fertig.

Schnuller-Maus

Die kleine süße Maus ist immer griffbereit.

GRÖSSE
14 x 35 cm (Breite x Höhe)

MATERIAL
- Nicki-Fleece in Grau, 35 x 20 cm
- Nicki-Fleece in Rosa, 25 x 10 cm
- Jersey in Pink-Grau gestreift, 10 x 45 cm
- Volumenvlies, 35 x 20 cm, 1 cm dick
- Nähgarn in passenden Farben
- Sticktwist in Rosa und Schwarz
- Gummiband, 1,5 cm breit, 20 cm
- Restwolle in Rosa und Schwarz
- Clip für Schnullerkette
- Kunststoff-Druckknopf in Pink & Werkzeug

ZUSCHNEIDEN
Körper und Ohren mit 1 cm Nahtzugabe zuschneiden. Streifen nach Maß schneiden.

Nicki-Fleece in Grau
2x Kopf
2x Ohr

Nicki-Fleece in Rosa
2x Ohr

Jerseystoff in Pink-Grau gestreift
2x Kopf
1x Streifen 8 x 42 cm

Volumenvlies
2x Kopf

VORLAGEN
siehe Seite 77

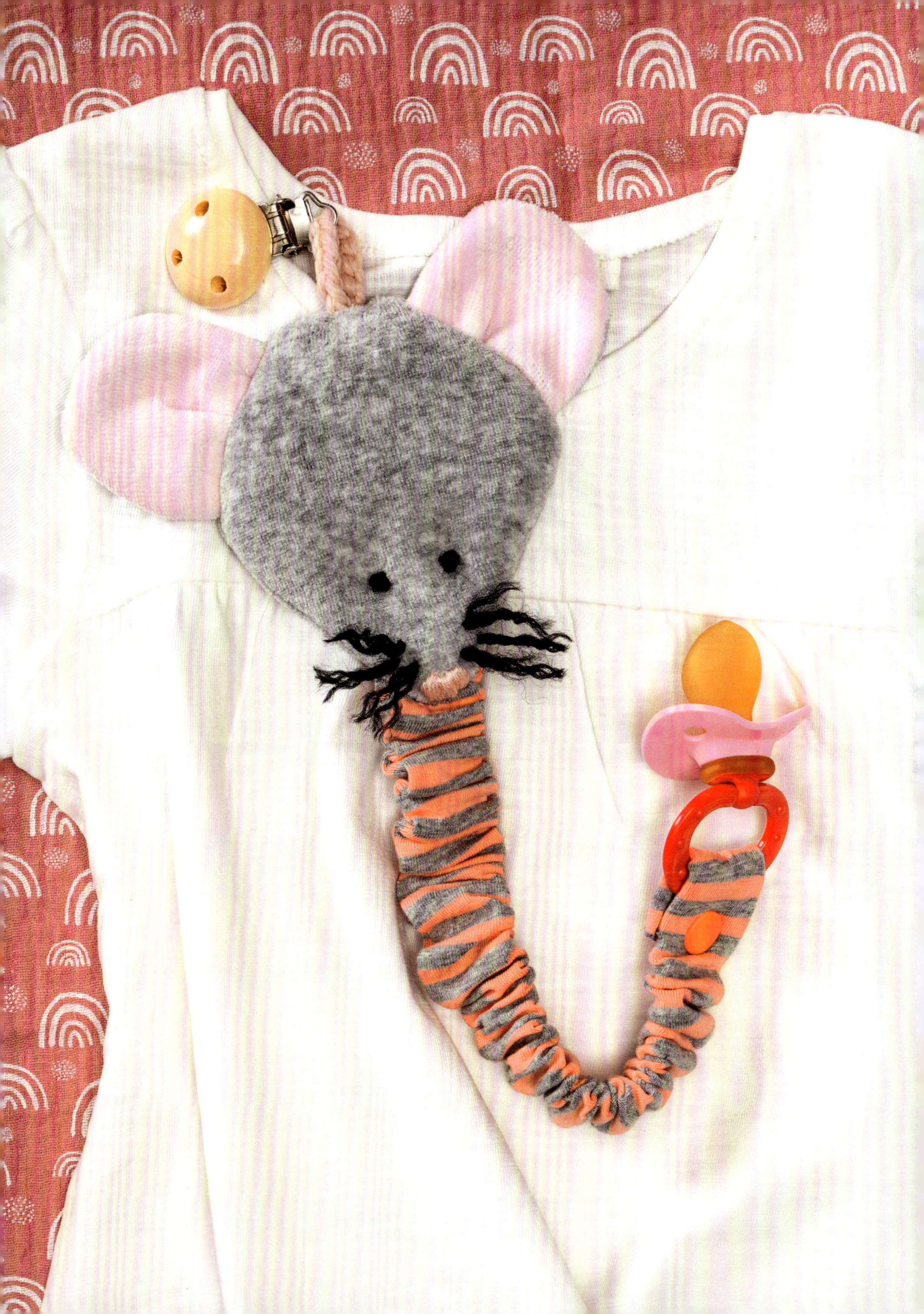

NÄHEN

1 Stecke je ein Nicki- und ein Fleece-Ohr rechts auf rechts. Nähe die Teile – bis auf die Wendeöffnung – mit kleinem Geradstich zusammen. Beschneide die Nahtzugaben (siehe Seite 8), wende die Ohren und forme die Rundung schön aus. Lege jeweils die unteren Ohrkanten offenkantig links auf links, lege mittig eine kleine Falte ein und fixiere diese mit einigen Stichen innerhalb der Nahtzugabe.

2 Unterlege die Kopfteile mit Volumenvlies und hefte die Lagen innerhalb der Nahtzugabe rundum zusammen.

3 Lege die Ohren laut Schnittmarkierung rechts auf rechts auf einen Kopf – mit der Wendeöffnung kantenbündig zum Kopf – und stecke die Lagen gut zusammen. Fixiere die Ohren innerhalb der Nahtzugabe.

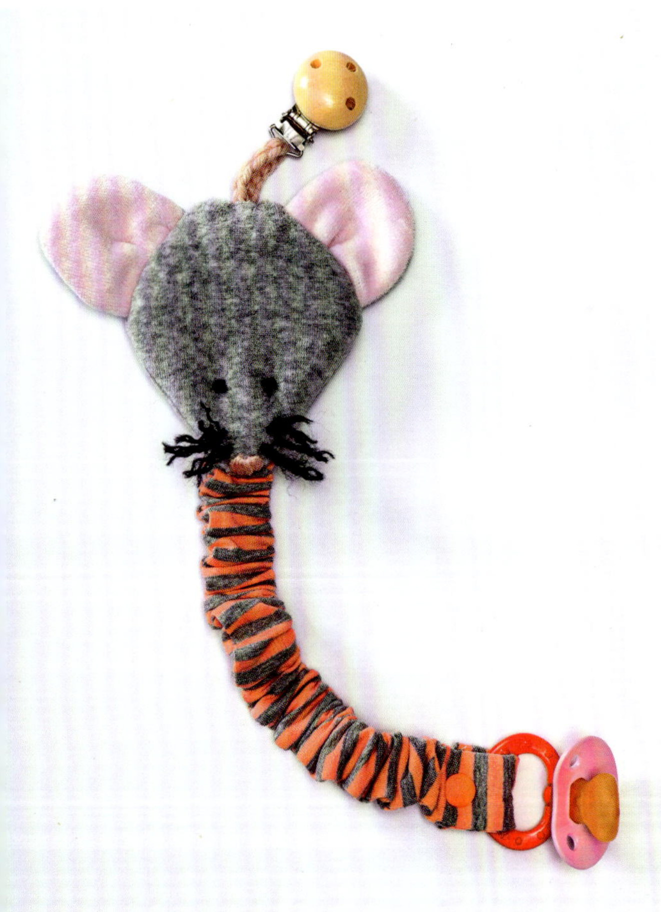

4 Stecke den zweiten Kopf rechts auf rechts obenauf. Nähe – bis auf die Wendeöffnung – einmal ringsherum. Beschneide die Nahtzugaben, wende den Kopf. Falte die Nahtzugaben der Wendeöffnung nach innen ein.

5 Häkle mit der Wolle eine ca. 8 cm lange Luftmaschenkette. Fädle den Clip ein, stecke die Kordelenden an der Wendeöffnung in den Kopf. Schließe die Wendeöffnung fest von Hand.

6 Sticke mit dreifädigem Stickgarn in Schwarz mit Knötchenstichen die Augen, in Rosa mit Plattstichen die Nase. Ziehe als Schnurrhaare einig Fäden schwarze Wolle ein, verknote die Wolle jeweils knapp hinter der Ein- bzw. Ausstichstelle, kürze die Garnenden und zwirble sie auf.

7 Für das Schnullerband falte den Streifen an den langen Kanten rechts auf rechts zur Hälfte und schließe die lange Kante. Wende den Streifen (mit Hilfe einer Wende- oder Sicherheitsnadel) auf rechts.

8 Ziehe das Gummiband in den Streifen ein, schoppe dabei den Stoff über dem Gummiband. Nähe die kurzen Kanten von Streifen und Gummiband jeweils offenkantig mit Zickzackstichen fest zusammen.

9 Nähe ein Ende des Schnullerbandes von hinten fest an den Kopf, falte das andere Ende ca. 3 cm weit um und stanze den Druckknopf an der Schlaufe ein.

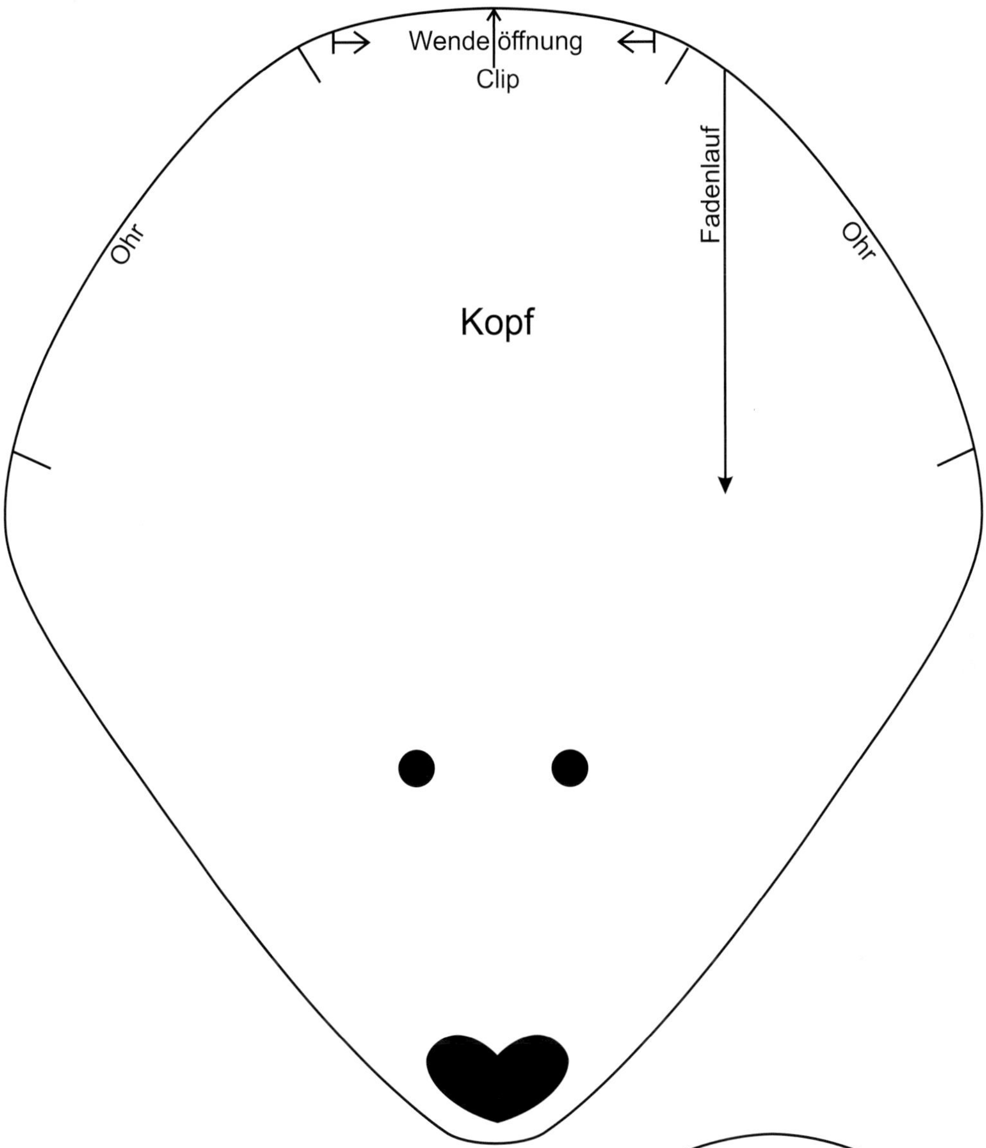
Wende öffnung
Clip
Fadenlauf
Ohr
Ohr
Kopf

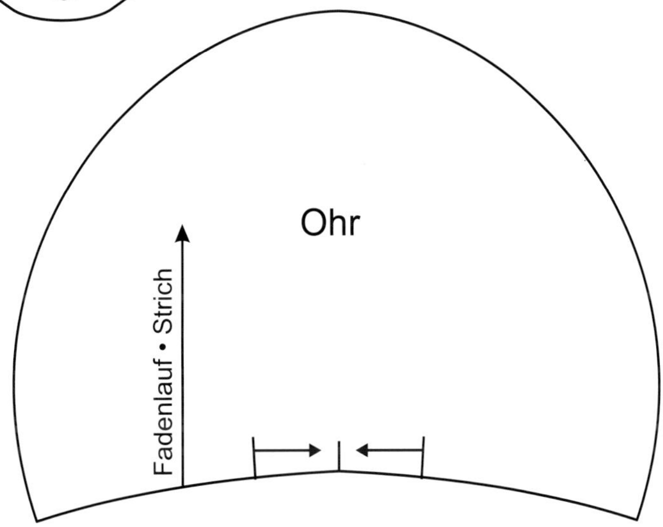
Ohr
Fadenlauf • Strich

Spieluhr-Wichtel

Der Wichtel lächelt und lächelt und lächelt ... bis Babys Augen zufallen.

GRÖSSE

18 x 27 cm (Breite x Höhe)

MATERIAL

- Jersey in Jeansblau mit bunten Punkten, 40 x 15 cm
- Nicki in Natur, 80 x 20 cm
- French Terry in Flieder-melange, 40 x 5 cm
- Jersey in Maisgelb mit bunten Punkten, 60 x 30 cm
- Bügeleinlage H 180, 40 x 15 cm
- Anorak-Kordel in Blau, 3 mm Ø, 60 cm
- Musikspielwerk
- Nähgarn in passenden Farben
- Sticktwist in Rosa und Schwarz
- Füllwatte

ZUSCHNEIDEN

Alle Teile mit 1 cm Nahtzugabe zuschneiden.

Jersey in Jeansblau mit bunten Punkten
2x Körper im Stoffbruch

Nicki in Natur
2x Kopf im Stoffbruch
2x Hand
2x Hand, seitengespiegelt
2x Ohr
2x Ohr, seitengespiegelt

French Terry in Flieder-melange
2x Fuß
2x Fuß, seitengespiegelt

Jersey in Maisgelb mit bunten Punkten
2x Mütze im Stoffbruch
2x Halstuch im Stoffbruch

Bügeleinlage H 180
2x Körper im Stoffbruch

VORLAGEN

siehe Seite 81

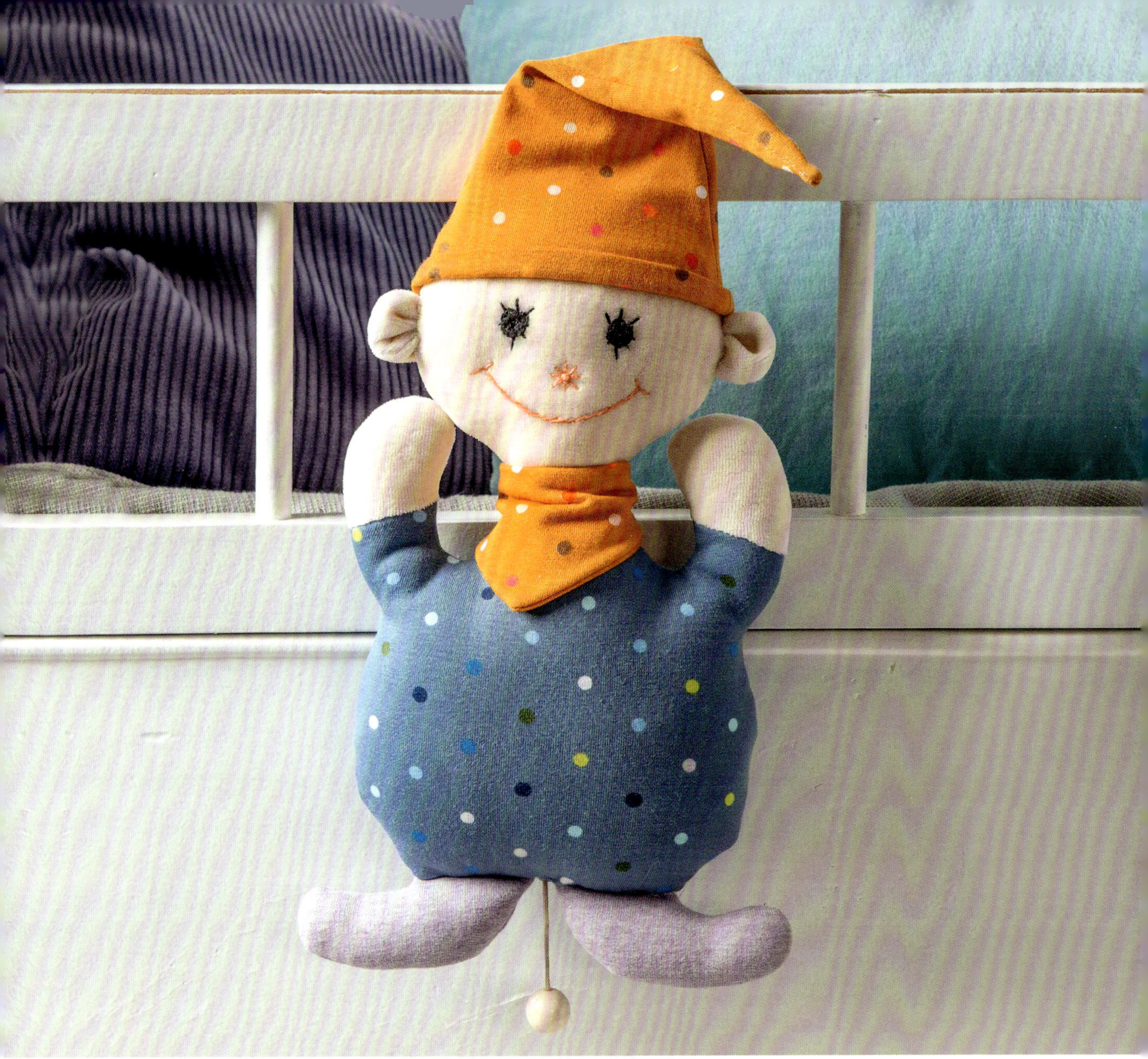

NÄHEN

1 Bügle Einlage auf die linke Seite der Körperteile.

2 Nähe für die Vorderseite Kopf und Hände laut Passzeichen rechts auf rechts an ein Körperteil. Bügle die Nahtzugaben in den Körper.

3 Wiederhole Schritt 2 für die Rückseite, lass hier jedoch in der Mitte der Kopf-/Körpernaht ca. 1 cm offen. (Hier wird später die Aufhängerkordel durchgezogen.) Sichere die Nahtenden der Öffnung gut.

4 Lege je zwei Ohren paarweise rechts auf rechts und stecke sie zusammen. Nähe mit kleinem Geradstich die gerundeten Kanten, lasse die Wendeöffnung offen.

5 Beschneide die Nahtzugaben (siehe Seite 8), wende die Ohren und forme die Rundungen schön aus. Lege die Kanten der Wendeöffnung offenkantig links auf links und schiebe sie etwas zusammen, sodass sich die Ohrmuschel bildet. Fixiere die Faltung innerhalb der Nahtzugabe.

6 Lege die Ohren laut Schnittmarkierung auf die Körper-Vorderseite – mit der Wendeöffnung kantenbündig zum Kopf, die Ohrmuschel zeigt zum Kopf – und hefte sie innerhalb der Nahtzugabe an.

7 Nähe je zwei Füße paarweise – bis auf die Wendeöffnung – zusammen. Beschneide die Nahtzugaben, wende die Füße und fülle sie locker mit Füllwatte. Hefte die Kanten der Wendeöffnung innerhalb der Nahtzugabe offenkantig links auf links aufeinander.

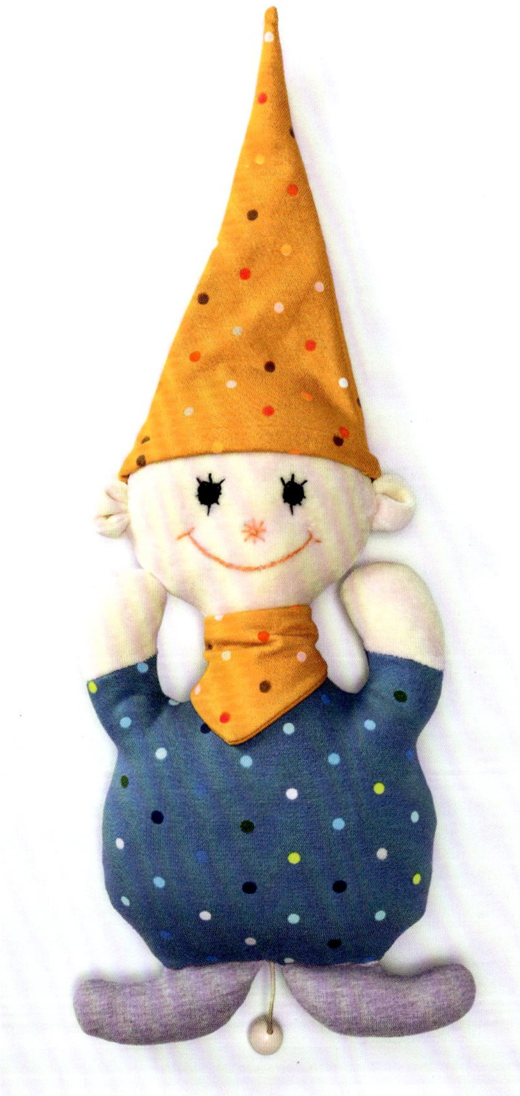

8 Lege und stecke die Körperteile rechts auf rechts – die Nähte sollten exakt aufeinandertreffen – und nähe sie zusammen, lasse die gesamte untere Kante zum Wenden offen. Beschneide die Nahtzugaben, wende den Körper und forme ihn aus. Bügle die Nahtzugaben der unteren Kanten nach links um.

9 Fülle Kopf und Arme. Knote an einem Ende der Kordel eine ca. 10 cm lange Schlaufe für den Aufhänger. Schiebe den Aufhänger an der vorgesehenen Öffnung von innen nach außen durch – der Knoten liegt im Körper. Schließe die Öffnung bis dicht an die Kordel von Hand. Binde das Musikwerk so an das restliche Stück der Kordel, dass der Ziehgriff am unteren Körperrand 3–4 cm weit herausschaut.

10 Fülle nun den Körper mit Füllwatte, polstere dabei das Musikwerk ab.

11 Schiebe die Füße an der unteren Kante zwischen die Lagen, stecke und nähe die Öffnung von beiden Seiten aus bis kurz vor das Zugband knappkantig zusammen.

12 Sticke mit dreifädigem Sticktwist in Rosa mit Stern- und Knötchenstich die Nase, mit Stielstichen den Mund; in Schwarz mit Platt- und Spannstichen die Augen.

13 Lege die Mützenteile rechts auf rechts und nähe die Seiten zusammen. Wende die Mütze, schlage die untere Kante 1,5 cm breit nach links ein und steppe den Umschlag fest. Setze die Mütze auf den Kopf, schlage vorne die untere Kante etwas nach außen um. Nähe die Mütze von Hand an den Kopf.

14 Nähe die Halstuchteile – bis auf die Wendeöffnung – rechts auf rechts zusammen. Beschneide die Nahtzugaben und wende das Halstuch. Schließe die Wendeöffnung (siehe Seite 9) und binde das Halstuch um.

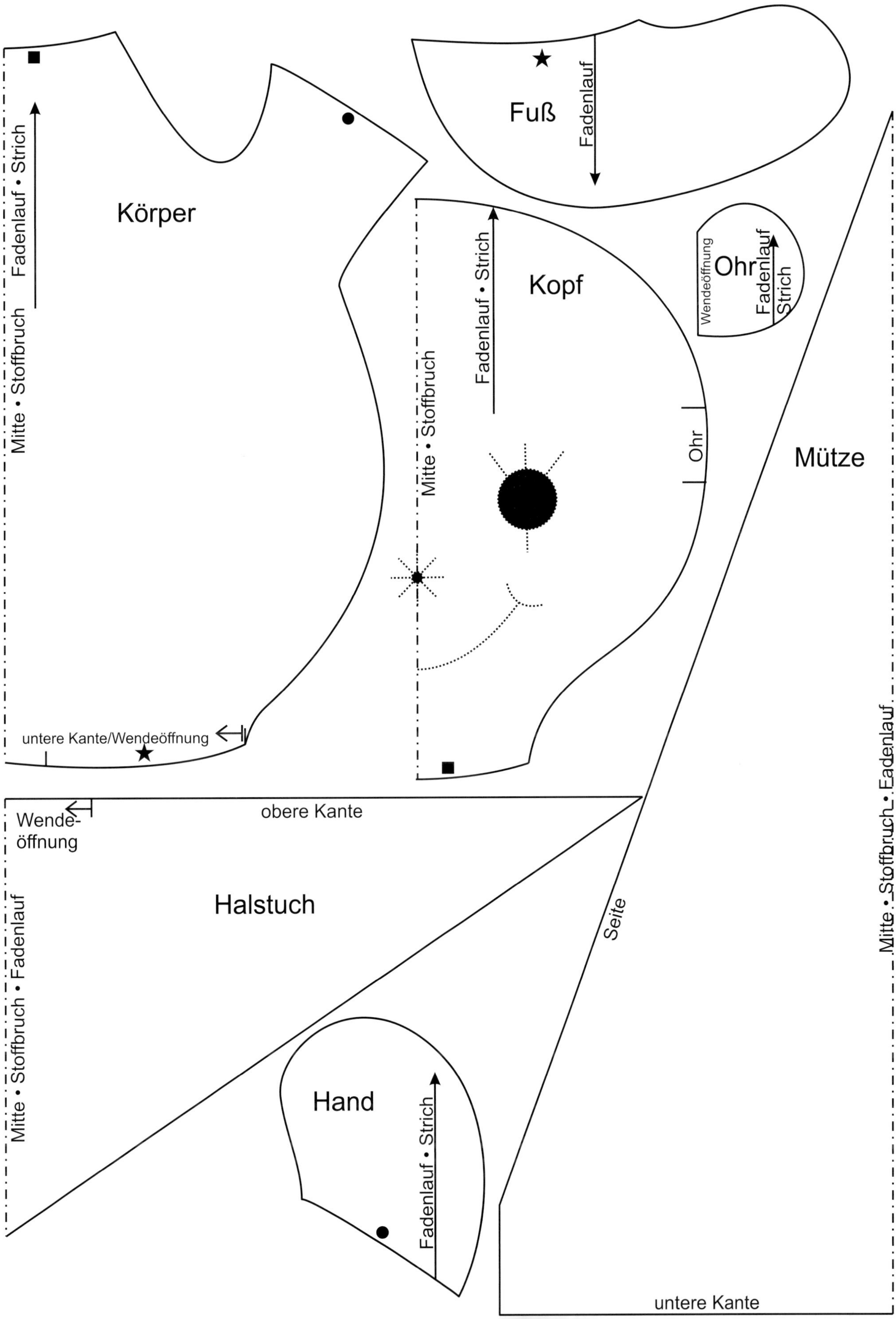
Fuß
Fadenlauf
Körper
Fadenlauf • Strich
Mitte • Stoffbruch
untere Kante/Wendeöffnung
Kopf
Fadenlauf • Strich
Mitte • Stoffbruch
Ohr
Ohr
Wendeöffnung
Fadenlauf
Strich
Mütze
Mitte • Stoffbruch • Fadenlauf
Seite
untere Kante
obere Kante
Wende-
öffnung
Halstuch
Mitte • Stoffbruch • Fadenlauf
Hand
Fadenlauf • Strich

SCHWIERIGKEITSGRAD ✻✻✻

Spieluhr-Singvogel

Mit Musik entspannt in die Traumwelt gleiten ...

GRÖSSE

27 x 25 cm (Breite x Höhe)

MATERIAL

- Nicki-Fleece in Rosa, 25 x 20 cm
- Nicki-Fleece in Gelb, 20 x 8 cm
- Jersey in Rot mit pinkfarbenen Punkten, 12 x 10 cm
- Jersey in Curry mit weißen Punkten, 20 x 10 cm
- Jersey mit Vogelmotiven, 35 x 20 cm
- Vliesofix, 12 x 8 cm
- ausreißbares Stickvlies, 12 x 8 cm
- Nähgarn in passenden Farben
- Maschinenstickgarn in Gelb
- Sticktwist in Gelb und Schwarz
- Filz in Weiß, 1 mm stark, 4 x 4 cm
- Füllwatte
- Musikspielwerk
- Wollreste in Rosa, Türkis und Grün
- Kordel in Rosa, ca. 20 cm

ZUSCHNEIDEN

Körper, Schwanz und Schnabel mit 1 cm Nahtzugabe zuschneiden. Beine nach Maß schneiden. Applikationen siehe Seite 9.

Nicki-Fleece in Rosa
1x Körper

Nicki-Fleece in Gelb
2x Schnabel

Jersey in Rot mit pinkfarbenen Punkten
1x Schwanz

Jersey in Curry mit weißen Punkten
1x Flügel für Applikation
1x Schwanz, seitengespiegelt

Jersey mit Vogelmotiv
1x Körper, seitengespiegelt
2x Beine 4 x 17 cm

Filz in Weiß
1x Auge für Applikation

VORLAGEN

siehe Seite 85

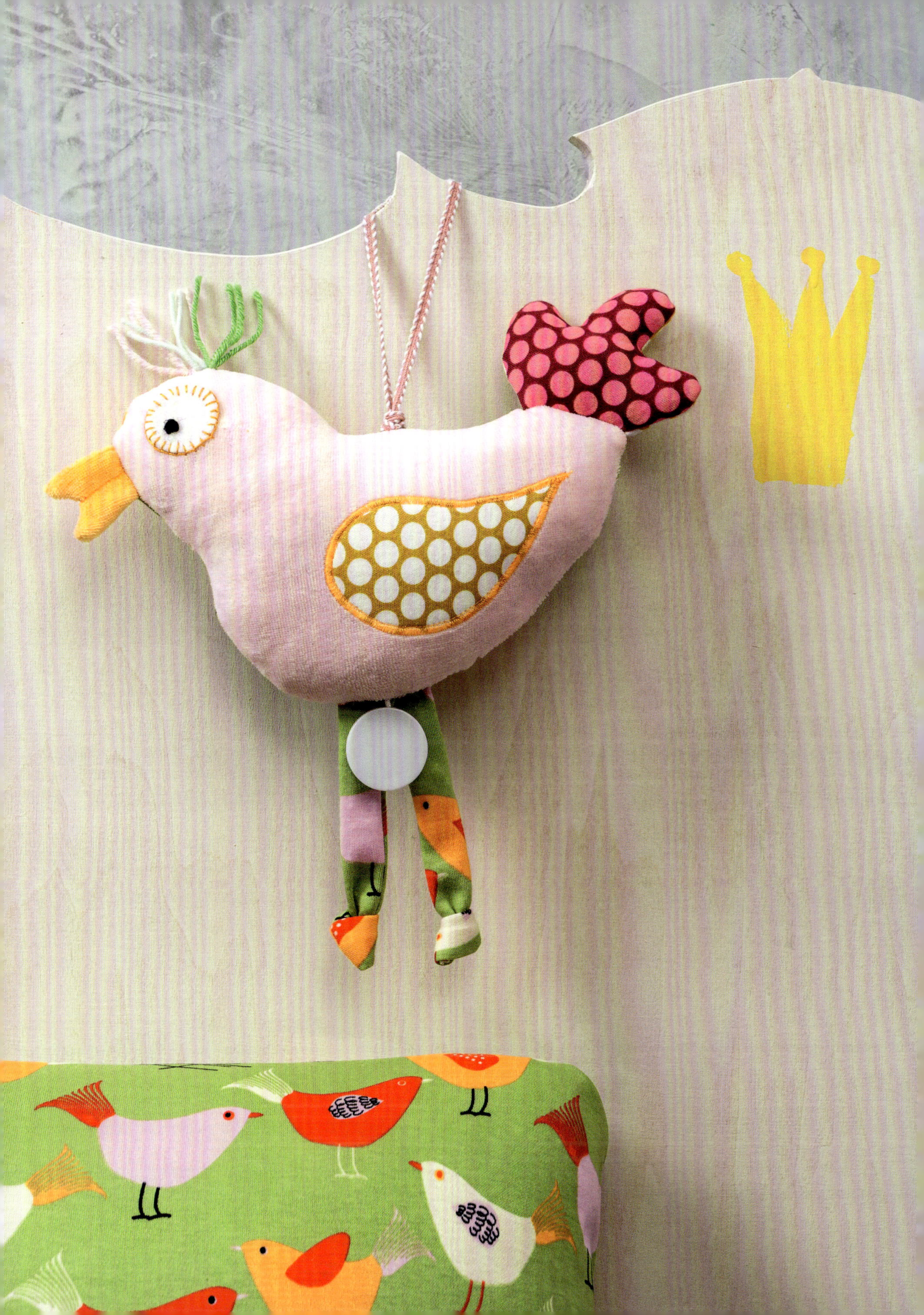

NÄHEN

1 Bügle Flügel und Auge auf den Körper aus Nicki-Fleece (lege dabei ein Bügeltuch auf und schiebe das Bügeleisen mit dem Flor-Strich). Appliziere, mit Maschinenstickgarn in Gelb, mit Zickzackstichen den Flügel, steppe entlang der Innenkante der Zickzacknaht zusätzlich mit Geradstichen einmal rundum. Appliziere das Auge mit dreifädigem Stickgarn in Gelb mit Langettenstichen.

2 Lege die Schnabelteile rechts auf rechts und stecke sie aufeinander. Nähe die Teile mit kleinem Geradstich zusammen, lasse die Wendeöffnung frei. Beschneide die Nahtzugaben (siehe Seite 8), wende den Schnabel und forme die Spitzen schön aus. Hefte die Kanten der Wendeöffnung innerhalb der Nahtzugabe offenkantig links auf links aufeinander. Steppe die Schnabelmitte mit Geradstichen durch.

3 Nähe die Schwanzteile – bis auf die Wendeöffnung – rechts auf rechts zusammen.

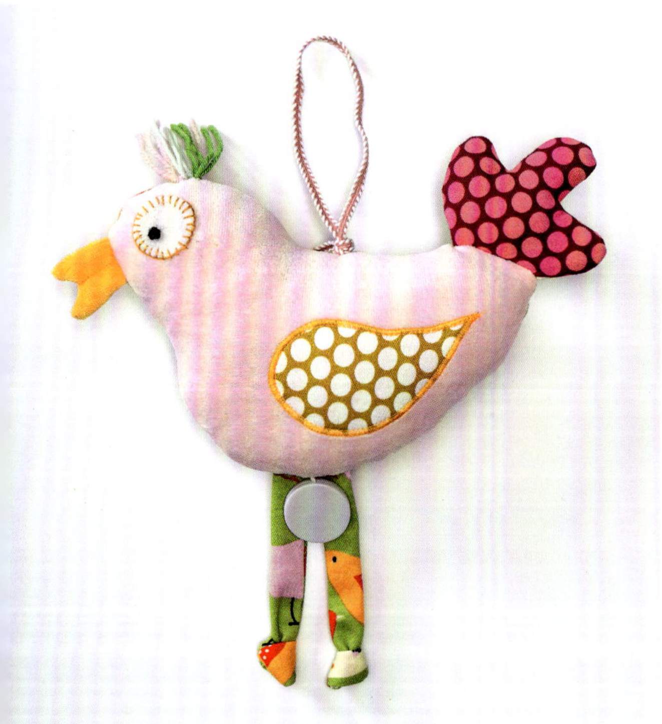

Beschneide die Nahtzugaben, wende den Schwanz und fülle ihn locker mit Füllwatte. Hefte die Kanten der Wendeöffnung innerhalb der Nahtzugabe offenkantig links auf links aufeinander.

4 Lege jeden Beinstreifen längs, rechts auf rechts zur Hälfte und schließe die lange Kante. Wende den Streifen auf rechts und bügle ihn im Nahtbruch flach. Lege jeweils am unteren Streifenende einen Überhandknoten so ein, dass die Schnittkante knapp noch im Knoten liegt.

5 Lege Schnabel, Beine und Schwanz laut Schnittmarkierung rechts auf rechts auf den Nicki-Fleece-Körper – jeweils mit der Wendeöffnung kantenbündig zum Körperteil – und stecke die Lagen gut zusammen. Hefte die Teile innerhalb der Nahtzugabe an.

6 Lege den zweite Körperteil rechts auf rechts obenauf und stecke die Lagen gut zusammen. Nähe mit kleinem Geradstich – bis auf die Wendeöffnung – einmal ringsherum. Beschneide die Nahtzugaben, wende den Vogel und forme die Rundungen schön aus.

7 Fülle den Vogel mit Füllwatte und lege zwischendurch das Musikwerk mit ein. Schließe die Wendeöffnung bis dicht an die Ziehkordel von Hand (siehe Seite 9).

8 Ziehe für die Federn an der Kopfnaht einige Stücke Wolle in gemischten Farben quer, dicht nebeneinander ein, verknote sie über der Naht mit einem festen Doppelknoten und schneide sie in Form.

9 Verknote die Aufhängerkordel und nähe sie an passender Stelle gut fest.

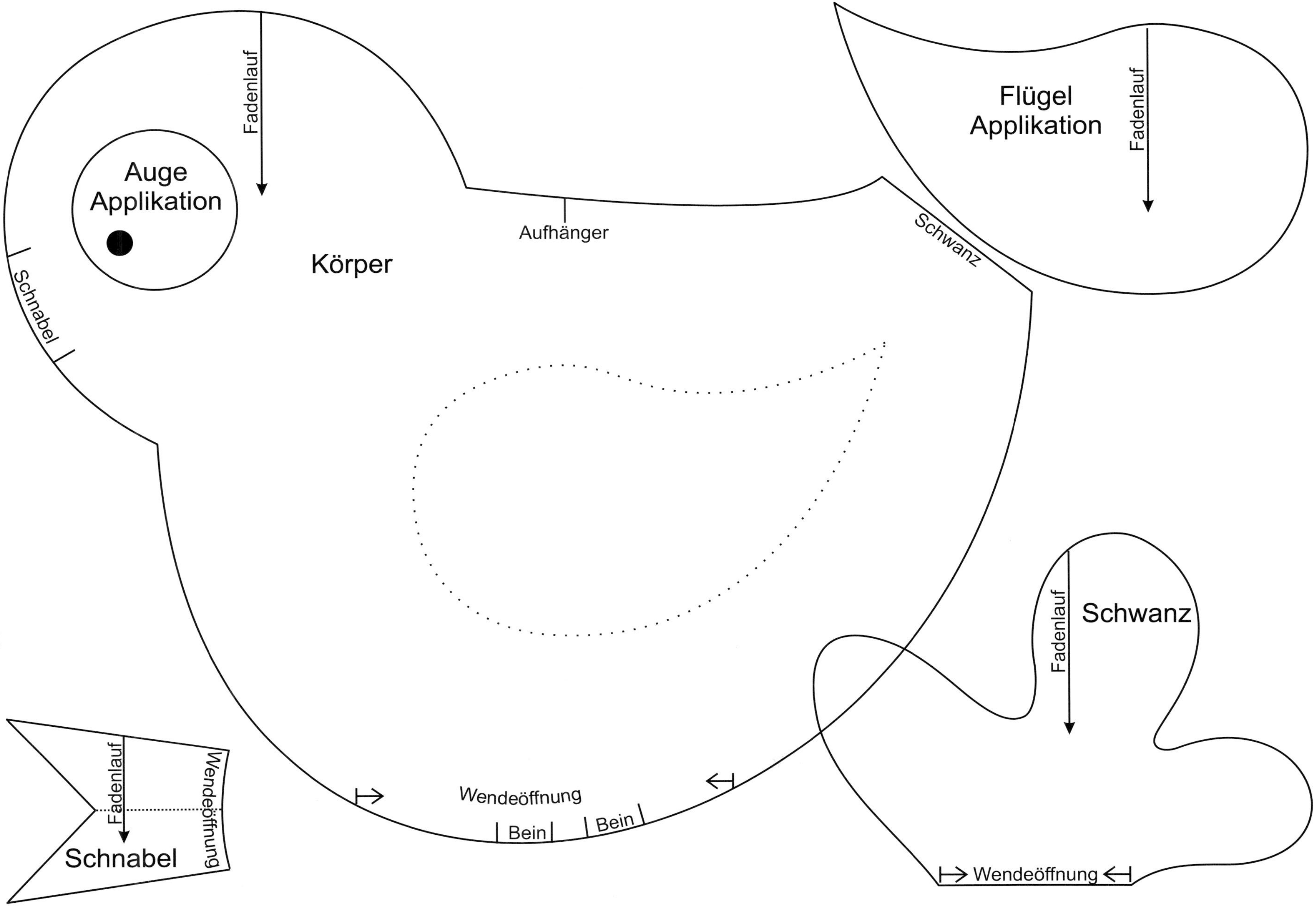

Auge
Applikation
Fadenlauf
Körper
Aufhänger
Schnabel
Schwanz
Flügel
Applikation
Fadenlauf
Wendeöffnung
Bein
Bein
Schwanz
Fadenlauf
Wendeöffnung
Schnabel
Fadenlauf
Wendeöffnung

Körner-Elefant

Ob wärmen oder kühlen – der Elefant kann's!

GRÖSSE

23 x 20 cm (Breite x Höhe)

MATERIAL

- Frottee Stoff in Graublau, 75 x 25 cm
- Jersey in Weiß mit blauen Streifen und roten Herzen, 20 x 15 cm
- Baumwollstoff in Weiß, 40 x 25 cm
- Vliesofix, 12 x 10 cm
- ausreißbares Stickvlies, 15 x 12 cm
- wasserlösliches Stickvlies Solufix, 10 x 10 cm
- Nähgarn in passenden Farben
- Traubenkerne, 200 g

ZUSCHNEIDEN

Alle Schnitteile mit 1 cm Nahtzugabe zuschneiden. Applikation siehe Seite 9.

Frottee Stoff in Graublau
1x Körper
1x Körperrückteil oben
1x Körperrückteil unten

Jersey in Weiß mit blauen Streifen und roten Herzen
1x Ohr für Applikation
1x Schwanz

Baumwollstoff in Weiß
2x Füllkissen im Stoffbruch

VORLAGEN

siehe Seite 65 und Seite 89

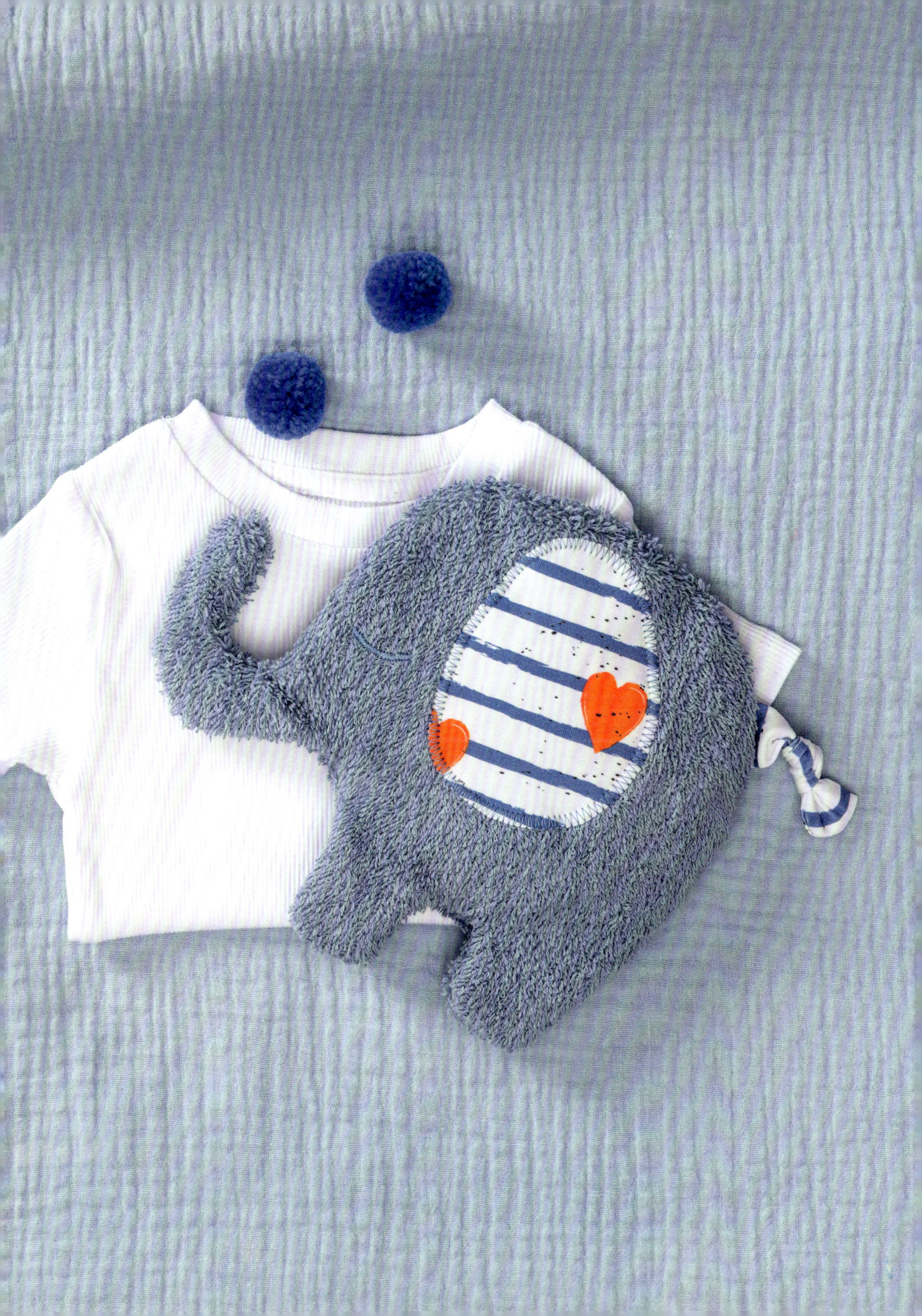

NÄHEN

1 Appliziere das Ohr auf den Körper (siehe Seite 9).

2 Übertrage das Auge mittig auf die wasserlösliche Stickfolie, stecke sie auf den Körper und nähe das Auge mit dichten Zickzackstichen nach. Stickfolie ausreißen, evtl. Rückstände mit Wasser auswaschen.

3 Lege den Streifen für den Schwanz an den langen Kanten rechts auf rechts zur Hälfte und nähe die langen Kanten sowie eine kurze Kante zusammen. Beschneide die Nahtzugaben (siehe Seite 8) und wende den Streifen. Forme die Ecken schön aus, nimm zum Ausformen optional einen Ecken- und Kantenformer zu Hilfe.

4 Lege den Schwanz laut Schnittmarkierung rechts auf rechts auf den Körper – mit der Wendeöffnung kantenbündig zum Körperteil – und stecke die Lagen gut zusammen.

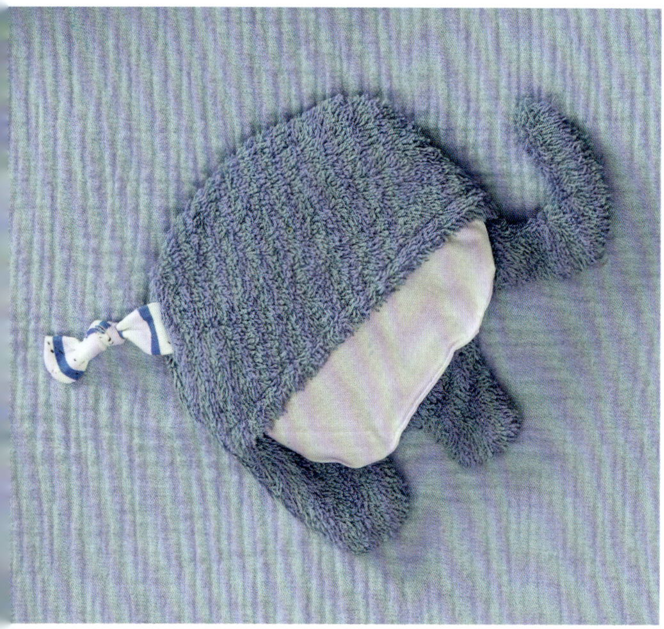

Fixiere den Schwanz innerhalb der Nahtzugabe mit kleinem Geradstich.

5 Versäubere die Eingriffkanten des oberen und unteren Körperrückteils, lege die Kanten 1 cm breit nach links um und steppe den Umschlag fest.

6 Lege die Körperrückteile rechts auf rechts auf das Körperteil (zuerst das obere Körperrückteil, dann das untere Körperrückteil) und stecke die Lagen gut zusammen. Nähe mit kleinem Geradstich einmal ringsherum. Beschneide die Nahtzugaben, versäubere sie, wende den Körper und forme Rundungen und Ecken schön aus. Lege am Schwanzende einen Überhandknoten ein.

7 Nähe die Füllkissenteile – bis auf die Wendeöffnung an einer Seite – rechts auf rechts zusammen. Wende das Füllkissen, fülle die Traubenkerne ein und verschließe die Öffnung mit der Maschine knappkantig. Achte dabei darauf, dass keine Traubenkerne übernäht werden. Stecke das Füllkissen in die Hülle.

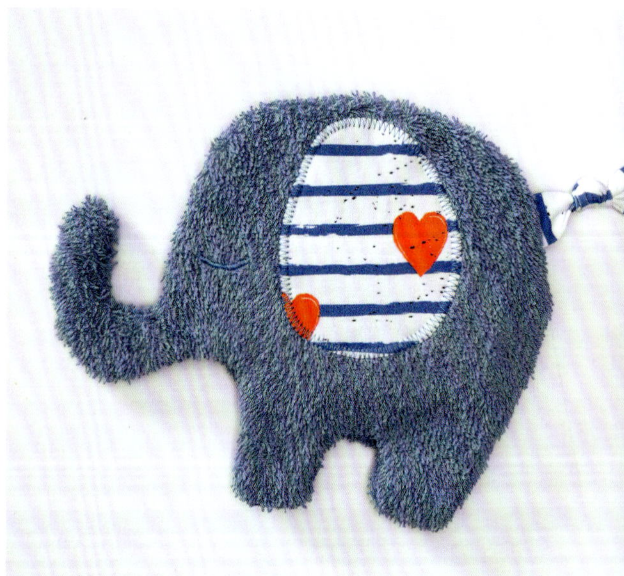

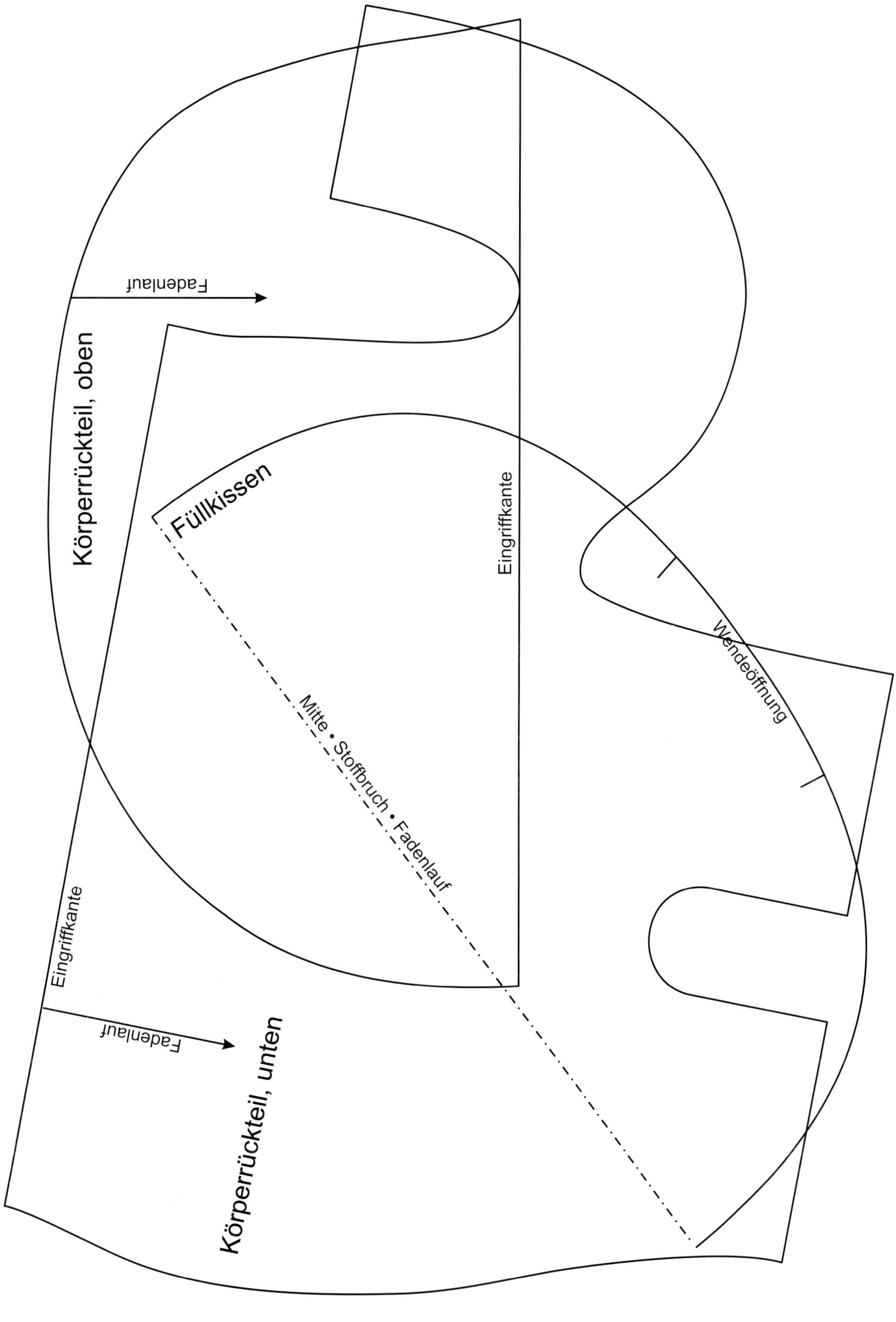

Körperrückteil, oben
Fadenlauf
Füllkissen
Eingriffkante
Mitte • Stoffbruch • Fadenlauf
Wendeöffnung
Eingriffkante
Fadenlauf
Körperrückteil, unten

SCHWIERIGKEITSGRAD ***

Körner-Hund

Waldi wärmt, und beruhigt erste Wehwehchen.

GRÖSSE

25 x 20 cm (Breite x Höhe)

MATERIAL

- Jersey in Natur-Braun gestreift, 80 x 30 cm
- Cord in Senfgelb, 15 x 12 cm
- Cord in Braun, 20 x 10 cm
- Musselin in Blau, 10 x 10 cm
- Nessel für das Innenkissen, 50 x 25 cm
- Vliesofix, 25 x 15 cm
- ausreißbares Stickvlies, 25 x 15 cm
- Nähgarn in passenden Farben
- Sticktwist oder dünne Wolle in Blau und Schwarz
- Webband mit Hundemotiv, 8 cm
- Kunststoff-Druckknöpfe in Natur, 2 Stück & Werkzeug
- Dinkelkörner, ca. 100 g

ZUSCHNEIDEN

Kopf und Ohren mit 1 cm Nahtzugabe zuschneiden. Verschluss-Streifen nach Maß schneiden. Applikationen siehe Seite 9; bei Augenfleck und Schnauze an der äußeren bzw. unteren Kante 1 cm Nahtzugabe hinzugeben.

Jersey in Natur-Braun gestreift
2x Kopf
1x Verschluss-Streifen 22,5 x 5 cm, Streifenlauf längs
1x Verschluss-Streifen 22,5 x 5 cm, Streifenlauf quer
2x Ohr

Cord in Senfgelb
1x Schnauze für Applikation

Cord in Braun
1x Ohr
1x Nase für Applikation
1x Augenfleck für Applikation

Musselin in Blau
1x Ohr

Nessel
2x Kopf (Innenkissen)

VORLAGEN

siehe Seite 93

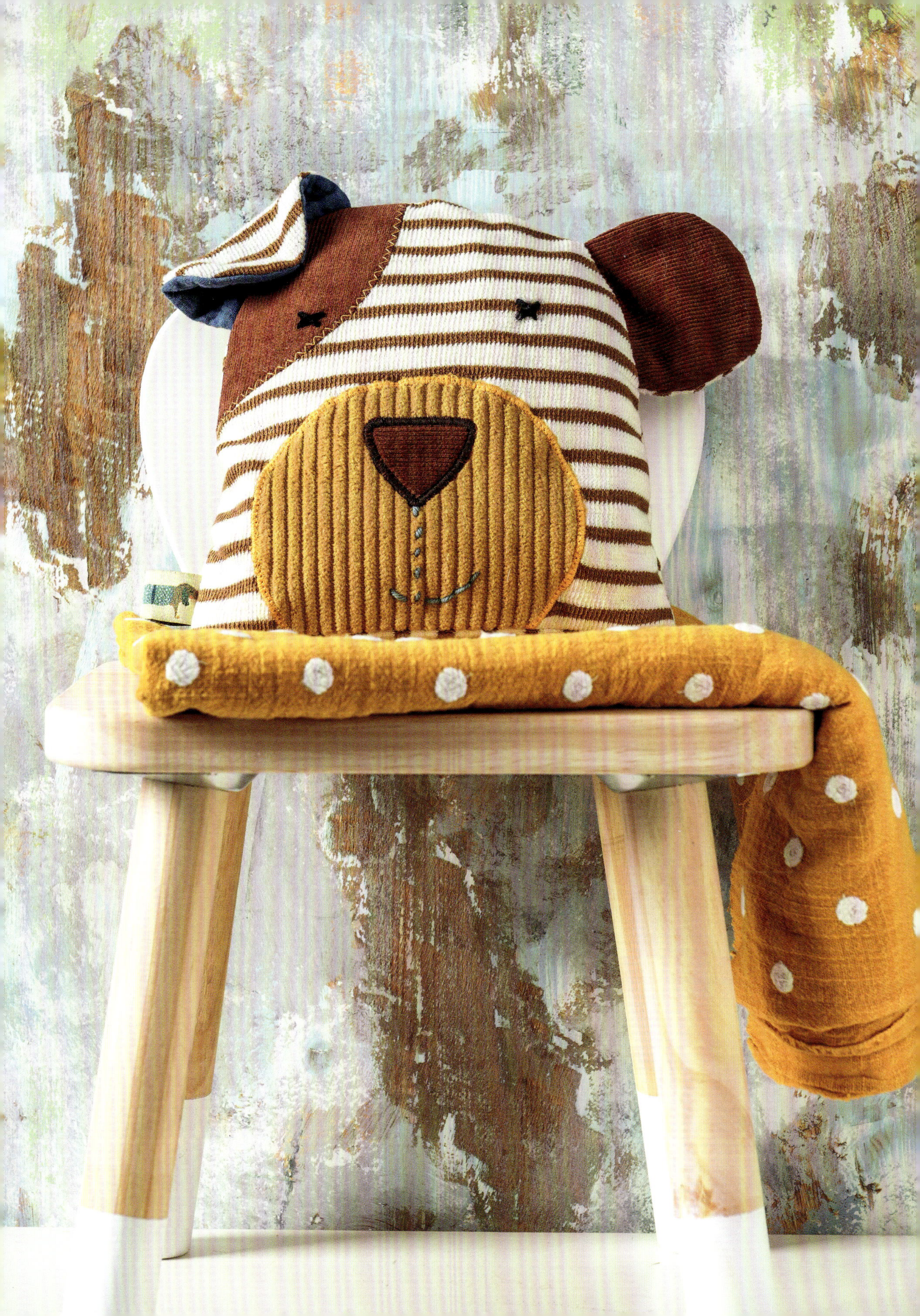

NÄHEN

1 Bügle die Schnauze, die Nase und den Augenfleck auf ein Kopfteil (lege dabei ein Bügeltuch auf und schiebe das Bügeleisen mit dem Flor-Strich). Appliziere die Nase sowie bei Schnauze und Augenfleck jeweils die innen liegende Kante. Übersteppe die applizierte Kante des Augenflecks zusätzlich mit einem Zickzackstich in Kontrastfarbe.

2 Lege je zwei Ohrteile rechts auf rechts – Stoffkombinationen laut Foto – und stecke sie aufeinander. Nähe die Teile mit kleinem Geradstich zusammen, lasse die Wendeöffnung frei. Beschneide die Nahtzugaben (siehe Seite 8), wende die Ohren und forme die Rundung schön aus.

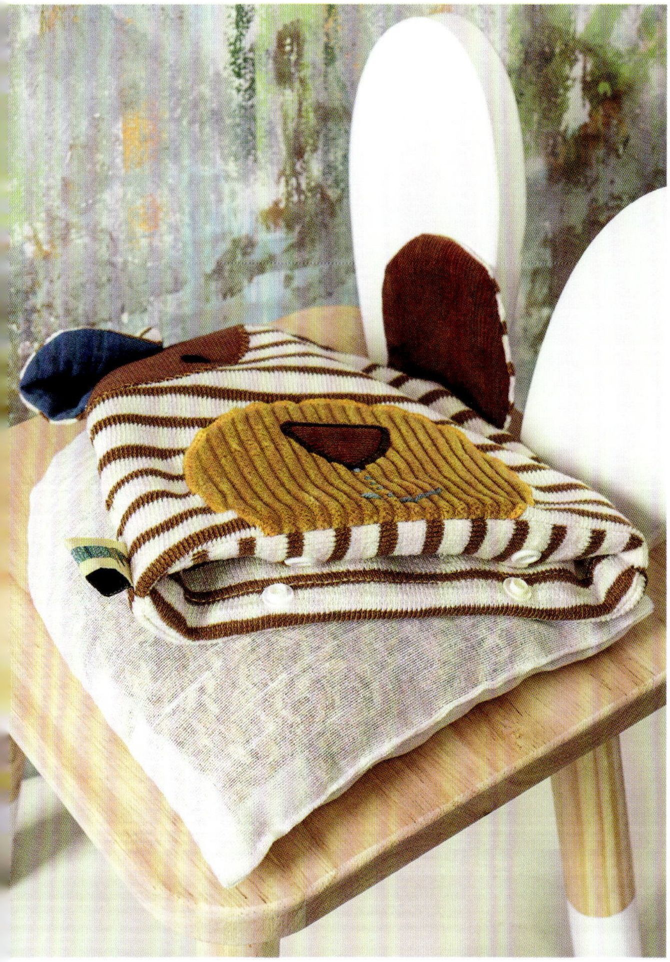

3 Lege die Ohren laut Schnittmarkierung rechts auf rechts auf die Kopf-Vorderseite – mit der Wendeöffnung kantenbündig zum Kopf, Innenohr zeigt zum Kopf – und stecke die Lagen gut zusammen. Hefte die Ohren innerhalb der Nahtzugabe an.

4 Nähe den quergestreiften Verschluss-Streifen rechts auf rechts an die untere Kante der Kopf-Vorderseite, den längsgestreiften Verschluss-Streifen an die untere Kante der Kopf-Rückseite. Versäubere die Nahtzugaben (siehe Seite 8) und bügle sie in das Kopfteil.

5 Versäubere jeweils die offene lange Kante der Verschluss-Streifen, falte sie 1 cm breit nach innen um und steppe den Umschlag fest.

6 Falte das Webband zur Hälfte und fixiere es an der linken Seite der Kopf-Vorderseite innerhalb der Nahtzugabe.

7 Lege die Kopfteile rechts auf rechts – die Nähte der Verschluss-Streifen treffen aufeinander – und stecke die Lagen gut zusammen. Nähe die Teile mit kleinem Geradstich zusammen. Versäubere die Nahtzugaben.

8 Lege die Verschluss-Streifen nach innen und stanze die Druckknöpfe passend ein.

9 Sticke in Schwarz mit Kreuzstichen die Augen, in Blau mit Vorstichen und Rückstichen das Maul. Knicke das rechte Ohr etwas nach vorne um und fixiere es von Hand.

10 Nähe die Innenkissenteile – bis auf eine Wendeöffnung – rechts auf rechts zusammen. Wende das Innenkissen, fülle die Dinkelkörner ein und verschließe die Öffnung mit der Maschine knappkantig. Achte dabei darauf, dass keine Körner übernäht werden. Stecke das Innenkissen in die Hülle.

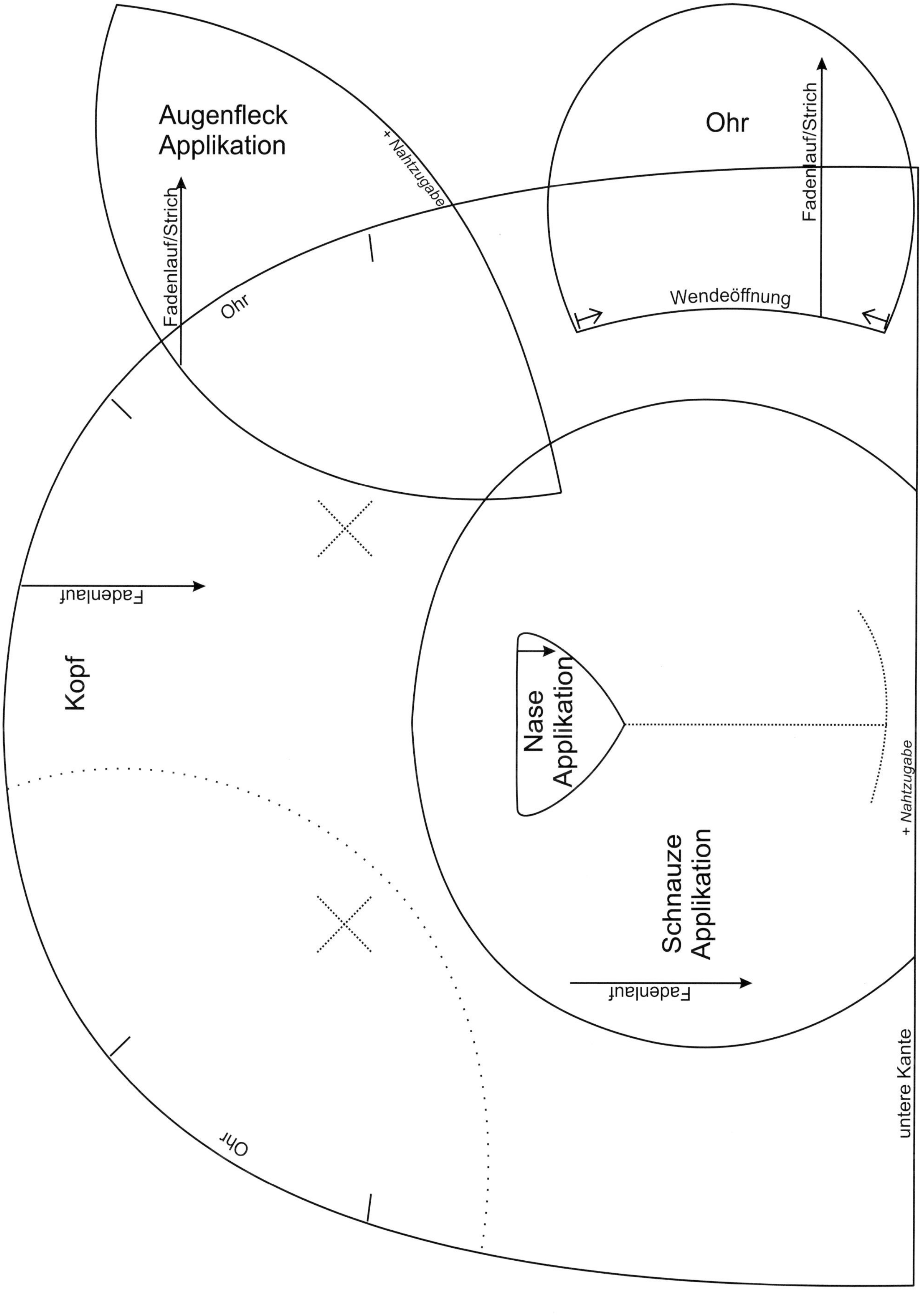
Augenfleck
Applikation
Fadenlauf/Strich
+ Nahtzugabe
Ohr
Ohr
Fadenlauf/Strich
Wendeöffnung
Kopf
Fadenlauf
Nase
Applikation
+ Nahtzugabe
Schnauze
Applikation
Fadenlauf
untere Kante
Ohr

Impressum

Entwurf & Ausführung: Stefanie Benz, Seite 14, 18, 38, 54, 62, 70, 73, 86; Elke Reith, Seite 22, 26, 50, 58, 74, 82, 90; Gabriela Reuß, Seite 10, 30, 34, 42, 46, 66, 78.
Fotos & Styling: Uli Glasemann & Elke Reith
Detailfotos Seite 45: A. Reuß
Verantwortlich: Maria Möllenkamp
Projektmanagement: A. Reuß
Lektorat: A. Reuß
Umschlaggestaltung: Louise Lemke
Satz: Silke Schüler
Repro: LUDWIG:media
Herstellung: Kathleen Baumann
Printed in Turkey by Elma Basim

Unser komplettes Programm finden Sie unter

www.christophorus-verlag.de

In diesem Buch wird aus Gründen der besseren Lesbarkeit das generische Maskulinum verwendet. Weibliche und anderweitige Geschlechteridentitäten werden dabei ausdrücklich mitgemeint, soweit es für die Aussage erforderlich ist.

★★★★★

Sind Sie mit diesem Titel zufrieden? Dann würden wir uns über Ihre Weiterempfehlung freuen. Erzählen Sie es im Freundeskreis, berichten Sie Ihrem Buchhändler oder bewerten Sie bei Onlinekauf. Und wenn Sie Kritik, Korrekturen, Aktualisierungen haben, freuen wir uns über Ihre Nachricht an: Christophorus Verlag, Postfach 40 02 09, D-80702 München oder per E-Mail an lektorat@verlagshaus.de

Dank

Vielen Dank an die Material- und Stoffsponsoren dieses Buches:
Amann Handel GmbH www.amann-mettler.com
buttinette Textil-Versandhaus GmbH www.buttinette.com
Freudenberg Performance Materials Apparel SE & Co. KG www.vlieseline.com
Irseer Kreis Versand GmbH www.ikv-shop.de
MEZ GmbH www.mezcrafts.com
Prym Consumer Europe GmbH www.prym.de
Rayher Hobby GmbH www.rayher.com
Rico Design GmbH & Co. KG www.rico-design.com
Snaply GmbH www.snaply.de
Stick & Style GmbH www.stickandstyle.de
Stoffe Brünink & Hemmers GmbH www.stoffe-Hemmers.de
Vitis Traubenkern GmbH www.vitis24.de
Westfalenstoffe AG www.westfalenstoffe.de

Die Deutsche Nationalbibliothek verzeichnet diese Publikation in der Deutschen Nationalbibliografie; detaillierte bibliografische Daten sind im Internet über www.dnb.de abrufbar.

ISBN 978-3-8410-6721-0

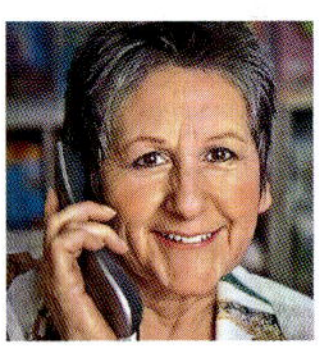

Kreativ-Service

Sie haben Fragen zu den Büchern und Materialien? Frau Erika Noll ist für Sie da und berät Sie rund um alle Kreativthemen. Rufen Sie an! Wir interessieren uns auch für Ihre eigenen Ideen und Anregungen. Sie erreichen Frau Noll per E-Mail: **kreativ-service@c-verlag.de** oder Tel.: **+49 (0)89 - 1306 99 - 577.**

Besuchen Sie uns im Internet: **www.christophorus-verlag.de** und **www.selbstgemacht.de**